AF453439

RENSEIGNEMENTS

SUR LES BOUCHES À FEU

ET

LE MATÉRIEL DE L'ARTILLERIE NAVALE

SUSCEPTIBLES

D'ÊTRE EMPLOYÉS DANS L'ARMEMENT

DES PLACES ET DES CÔTES.

PARIS.

IMPRIMERIE NATIONALE.

1875.

RENSEIGNEMENTS
SUR LES BOUCHES À FEU
ET
LE MATÉRIEL DE L'ARTILLERIE NAVALE
SUSCEPTIBLES
D'ÊTRE EMPLOYÉS DANS L'ARMEMENT
DES PLACES ET DES CÔTES.

Les troupes de l'artillerie de terre peuvent être appelées à servir, sur les côtes ou dans les places, certaines bouches à feu de l'artillerie navale.

Il a paru utile de porter à la connaissance des officiers de l'arme une description sommaire de ce matériel, et de donner, en même temps, divers renseignements pratiques destinés à en faciliter l'emploi dans les batteries de place et de côte.

Le présent document se divise en trois parties : la première est consacrée à l'artillerie modèle 1858-60; la deuxième, à l'artillerie modèle 1864; la troisième consiste en une note relative à l'artillerie modèle 1870. Les canons de ce dernier système devant être appelés à figurer dans la défense des côtes, on a jugé à propos de faire connaître les principales données qui ont servi de base à l'établissement de ce matériel.

Nota. Indépendamment des canons appartenant aux trois systèmes qui viennent d'être mentionnés, on pourra encore rencontrer sur les côtes un certain nombre de bouches à feu lisses. Tous les renseignements importants qui concernent ces dernières se trouvent dans l'aide-mémoire de l'artillerie de terre.

1.

PREMIÈRE PARTIE.

ARTILLERIE MODÈLE 1858-60.

Le système 1858-60 comprend trois calibres : 14 centimètres, 16 centimètres et 22 centimètres. Les bouches à feu de ce système peuvent être classées ainsi qu'il suit :

BOUCHES À FEU SE CHARGEANT PAR LA BOUCHE.

Bouches à feu frettées.

Canons de 14ᶜ.........
- n° 1, rayés, en fonte, frettés. (Anciens canons de 18 n° 1, transformés.)
- n° 2, rayés, en fonte, frettés. (Anciens canons de 18 n° 2, transformés.)

Canons de 16ᶜ, rayés, en fonte, frettés ....
- modèle 1849, transformés. (Anciens canons de 30 n° 1, modèle 1849, transformés.)
- modèle 1820-40, transformés. (Anciens canons de 30 n° 1, modèle 1820-40, transformés.)
- modèle 1858, transformés. (Canons de 30 rayés, modèle 1858, transformés.)

Obusiers de 22ᶜ, rayés, en fonte, frettés. (Anciens obusiers de 22ᶜ, modèle 1827, modèle 1827-37 et modèle 1827-41, transformés.)

Bouches à feu non frettées.

Canons de 16ᶜ, rayés, en fonte, non frettés, ou canons de 30 rayés de côte. (Anciens canons de 30 n° 1, modèle 1820-40, transformés.)

BOUCHES À FEU SE CHARGEANT PAR LA CULASSE.

Canons de 16ᶜ, rayés, en fonte, frettés, modèle 1858-60, se chargeant par la culasse

I.

BOUCHES À FEU[1].

DISPOSITIONS GÉNÉRALES.

Toutes les bouches à feu du système 1858-60 sont en fonte.

Les tourillons, ainsi que leurs embases, sont venus de fonte avec le corps de la pièce.

Toutes les bouches à feu, à l'exception cependant des canons de 30 rayés de côte, sont frettées. Les *frettes* (en acier puddlé) s'étendent sur le renfort de la bouche à feu depuis la tranche de culasse jusqu'en arrière et près des tourillons.

Les *rayures* des bouches à feu du système 1858-60 sont au nombre de trois. Vues de l'arrière, elles tournent, dans la partie supérieure, de droite à gauche.

Le développement de leur directrice est une parabole, qui, à l'origine, est tangente à une génératrice de l'âme, et dont l'inclinaison finale, à la tranche de la bouche, est de 6 degrés.

La rayure dont l'origine est sur la génératrice inférieure de l'âme porte le n° 1.

Le profil de la rayure est du modèle 1858 ou du modèle 1860, suivant que la pièce a été rayée antérieurement ou postérieurement au 3 décembre 1861.

Dans le profil de *rayure modèle 1858*, la *paroi forçante* (2) est rectiligne; le *fond* est concentrique à l'âme; la *paroi-talon* est un arc de cercle tangent au fond de la rayure.

Le profil de *rayure modèle 1860* est une anse de panier.

Les rayures sont suivies, vers le fond de l'âme, de *prolongements*

---

(1) Pour la description complète, voir l'*Aide-mémoire d'artillerie navale*, 1re livraison de 1873.

(2) La paroi forçante correspond au flanc de tir des pièces de la guerre; la paroi-talon, au flanc de chargement.

de rayure, destinés à recevoir, dans le chargement, les plaques isolantes des obus.

Le *canal de lumière* est percé, en général, dans un *grain de lumière*, qui traverse le frettage et le corps du canon. Ce grain de lumière est formé de deux parties : le *tube*, qui aboutit à l'extérieur, et le *grain proprement dit*, qui aboutit à l'intérieur.

Le grain proprement dit est une pièce en cuivre, dans laquelle est enchâssée une bague d'acier; la base supérieure du grain est surmontée d'un cylindre, qui s'emboîte dans la partie inférieure du tube.

Le tube, en acier, est vissé dans le corps du canon. Il s'appuie, à sa partie inférieure, sur la tranche de la bague.

Pour le tir à obus, le pointage se fait latéralement à gauche de la pièce. Un *fronteau de mire* est adapté au canon, un peu en avant des tourillons; un *canal de Hausse* est ménagé à la tranche de la culasse. La ligne de mire est déterminée par le guidon du fronteau et par le cran de mire de la Hausse qui est engagée dans le canal.

Le *signalement* de la bouche à feu est buriné sur la tranche de culasse; il comprend le nom de la fonderie, la date de la fabrication, le numéro et le poids de la pièce.

DISPOSITIONS PARTICULIÈRES DES PIÈCES

SE CHARGEANT PAR LA BOUCHE.

1° CANONS DE 14ᶜ — Tous les canons de 14ᶜ ont des rayures en anse de panier (modèle 1860).

Le canon n° 1 pèse 2300 kilogrammes; le n° 2, 1830 kilogrammes.

2° CANONS DE 16ᶜ. — Les rayures sont du modèle 1858 ou du modèle 1860.

Les canons modèle 1858 transformés se distinguent, à première vue, des autres pièces de même calibre par l'absence de plate-bande de volée et par la forme en cul-de-lampe de la partie arrière de la culasse.

Les canons modèle 1849 se distinguent des canons frettés modèle 1820-40 par une partie arrondie, ménagée intérieurement à la bouche.

Les canons de 30 rayés de côte ne sont point frettés; de plus, ils ont conservé toutes les formes extérieures des canons lisses de 30 n° 1 modèle 1820-40, formes qui ont été modifiées pour les pièces frettées.

Les canons de 16° frettés modèle 1858 pèsent 3640 kilogrammes; modèle 1849, 3140 kilogrammes; modèle 1820-40, 3180 kilogrammes. Le poids du canon de 30 rayé de côte est de 3020 kilogrammes.

3° OBUSIERS DE 22°. — Les obusiers de 22° ont une chambre tronconique. Ils présentent, à la bouche, un évasement de même forme.

Les rayures sont en anse de panier.

Le poids moyen de l'obusier est de 3700 kilogrammes.

DISPOSITIONS PARTICULIÈRES DES CANONS

DE 16° MODÈLE 1858-60, SE CHARGEANT PAR LA CULASSE.

La marine a adopté, pour ses canons à chargement par la culasse, la fermeture à vis du système Treüille de Beaulieu.

CANON PROPREMENT DIT.

Le canon de 16° présente à l'intérieur, et de la bouche à la culasse, trois parties principales : *l'âme,* cylindrique dans toute sa longueur, sur laquelle sont tracées les *rayures; le logement d'obturateur,* légèrement tronconique, et le *logement de vis de culasse.*

Ce dernier est un écrou dont le pourtour est divisé en six parties égales : les filets de l'écrou sont enlevés sur trois de ces secteurs, les secteurs vides alternant avec les pleins. A la partie inférieure du logement est un secteur vide.

Les rayures sont du modèle 1860. Elles se prolongent, en ligne droite, jusqu'au logement d'obturateur.

En 1866, les rayures n°ˢ 2 et 3 ont été approfondies vers l'origine; trois *rainures d'arrêt* ont été pratiquées sur les cloisons.

Le poids du canon, y compris la fermeture, est de 3640 kilogrammes.

L'appareil de fermeture du canon de 16ᵉ modèle 1858-60 est à *vis et à cadran*.

Il comprend trois parties principales : la *culasse mobile*, qui constitue l'appareil de fermeture proprement dit ; la *console*, qui est destinée à soutenir la vis de culasse hors de son écrou ; le *cadran*, sur lequel tourne la console, avec la culasse mobile, pour démasquer l'âme. Il comprend en outre quelques accessoires, tels que la *planchette de chargement*, et.

1° CULASSE MOBILE. — La culasse mobile se compose essentiellement d'une *vis de culasse*, qui, engagée dans son écrou, doit résister au choc des gaz de la poudre; d'un *obturateur*, destiné à empêcher tout échappement des gaz à l'arrière, et de diverses pièces servant à l'installation de l'obturateur et à la manœuvre de la vis : *rondelle porte-obturateur, boulon d'obturateur, manivelle, poignée de culasse et boulon central*.

La *vis de culasse* (en acier) a, comme son écrou, 3 secteurs filetés et 3 évidés.

L'*obturateur* (en acier fondu au wolfram) est un *disque*, muni d'un rebord tronconique ou *couronne*. Il présente en son milieu un trou circulaire, dont le bord est échancré de manière à former 3 adents, en talus : ces adents sont destinés à assurer le serrage du disque par le *boulon d'obturateur*.

La *tête* (en acier) de ce boulon est hexagonale : trois faces sont planes; les trois autres, dites *oreilles*, sont cylindriques. En regard de ces dernières, la tranche de la tête présente des surfaces gauches en talus, sous lesquelles sont engagés les adents de l'obturateur. La *tige* (en fer) du boulon est vissée à fond dans la rondelle porte-obturateur.

____

(1) Pour plus amples détails, voir l'*Aide-mémoire d'artillerie navale*, 2ᵉ livraison de 1873. — La description donnée ici est relative au dernier tracé adopté pour la fermeture du canon de 16ᵉ modèle 1858-60.

La *rondelle porte-obturateur* (en acier) est interposée entre la tranche de la vis de culasse et le disque de l'obturateur. Sa partie antérieure entre dans le logement d'obturateur ; sa partie postérieure, au diamètre du logement de vis de culasse, présente sur son pourtour trois adents longitudinaux, qui viennent se loger dans les secteurs vides de l'écrou de culasse, et empêchent ainsi la rondelle de tourner dans le canon en même temps que la vis de culasse.

La *manivelle* (en fer) sert à donner un sixième de tour à la vis de culasse. Elle est arrêtée à la position verticale par un *buttoir de manivelle*.

La *poignée de culasse* (en bronze) sert à retirer la vis de son logement et à l'y introduire. Elle est rendue solidaire de la rondelle porte-obturateur par le *boulon central*, ou *tige en fer*, qui, à ses extrémités, se visse dans l'une et dans l'autre. Ce boulon traverse à frottement doux la vis de culasse, de sorte qu'on peut faire tourner indépendamment de celle-ci l'ensemble constitué par la poignée de culasse, le boulon central, la rondelle porte-obturateur, le boulon d'obturateur et l'obturateur lui-même. Un goujon fileté empêche le dévissage de la poignée, et sert en outre de buttoir-repère : lorsqu'il est en contact avec la manivelle, amenée à la position verticale, les adents de la rondelle porte-obturateur sont en regard des vides de l'écrou de culasse, et l'on peut fermer la pièce sans hésitation.

2° CADRAN. — Le cadran (en bronze) est fixé sur la tranche de la culasse. Ses bords sont recourbés et forment les coulisses circulaires dans lesquelles se meut la console.

Le cadran porte deux vis-buttoirs qui déterminent les positions extrêmes de la console.

3° CONSOLE. — La console (en bronze) est ajustée de façon à décrire un arc de cercle vertical en suivant les coulisses du cadran.

Une clavette, assujettie par une vis de pression, permet de l'arrêter dans une position intermédiaire, suffisante pour que l'ouverture de la culasse soit démasquée.

A la console est fixée une *glissière* (en fer), dont les *griffes* reçoivent et maintiennent la vis de culasse à sa sortie de la pièce.

— 11 —

4° ACCESSOIRES. — Pour faciliter l'introduction du projectile dans l'âme du canon, on fait usage d'une pièce mobile en fer, dite *planchette de chargement*. Deux tringles longitudinales, fixées sur le corps de la planchette, forment une rainure, qui, dans le chargement, fait suite à la rayure n° 1 et sert à guider jusque dans l'âme un des tenons de l'obus.

Pour empêcher l'ouverture accidentelle de la culasse, on a adapté à la dernière frette un *linguet-arrétoir*, qu'il faut soulever avec le doigt pour donner passage à la poignée de manivelle dans le mouvement d'ouverture.

Un autre appareil de sûreté, le *ressort tire-feu*, est utilisé à bord des bâtiments de guerre pour empêcher que le feu ne puisse être mis à la pièce avant la fermeture complète de la culasse. Ce ressort sert, en même temps, de buttoir pour arrêter la poignée de manivelle à la position de tir (1).

Dimensions et données principales des bouches à feu de l'artillerie modèle 1858-60.

ARTILLERIE MODÈLE 1858-60.	CANONS DE 14^c		CANONS DE 16^c.				OBUSIERS de 22^c.
	n° 1.	n° 2.	modèle 1849 trans-formé.	modèle 1810-40 trans-formé.	modèle 1858 trans-formé.	se char-geant par la culasse.	
	millim.	millim.	millim.	millim.	millim.	millim.	millim.
Diamètre de la partie cylindrique de l'âme................	140	138,7	164,7	164,7	164,7	164,7	223,3
Longueur totale de l'âme........	2414	2288	2668	2641	2750	2630 (1)	2352
Longueur de la chambre tronco-nique.....................	"	"	"	"	"	"	162 (2)
Longueur du raccordement de l'âme avec le logement d'obtura-teur.....................	"	"	"	"	"	6	"
Longueur du logement d'obtura-teur.....................	"	"	"	"	"	45	"

(1) Mesurée jusqu'au fond de l'obturateur, la culasse étant fermée.
(2) Dimension comprise dans la longueur totale de l'âme.

(1) Quand la culasse n'a point de ressort tire-feu, un deuxième buttoir de manivelle détermine la position de fermeture.

ARTILLERIE MODÈLE 1858-60	CANONS DE 14°,		CANONS DE 16°,				OBUSIERS de 22°.
	n° 1.	n° 2.	modèle 1849 transformé.	modèle 1820-40 transformé.	modèle 1858 transformé.	se chargeant par la culasse.	
	millim.	millim.	millim.	millim.	millim.	millim.	millim.
Longueur du raccordement du logement d'obturateur avec le logement de vis de culasse.....	"	"	"	"	"	8	"
Longueur de l'écrou de vis de culasse.................	"	"	"	"	"	288	"
Longueur des rayures...........	2064	1908	2248	2248	2300	2300	2002
Longueur des prolongements de rayure..................	110	110	170	143	200	303	180
Profondeur des rayures.........	4,35	5	6	6	6	6	6
Profondeur des prolongements de rayure..................	1,35	2	6	6	6	6,6	1,5
Largeur de la rayure modèle 1858 et de son prolongement......	"	"	60	60	60	"	"
Largeur de la rayure modèle 1860.	44	44	50	50	50	50	65
Largeur de son prolongement....	22	22	50	50	50	50	30
Longueur totale du canon.......	2875	2678	3166	3158	3250	2950	2840
Distance de la tranche de la bouche à la tranche de culasse........	2614	2425	2860	2814	2950	2950	2527
Longueur totale du frettage......	989	860	1015	1015	1050	1050	940
Diamètre extérieur des frettes en place.............	488	471	553	553	584	584	624
Diamètre intérieur des frettes en place.............	408	371	445	445	472	472	504
Diamètre du plus grand renflement du bourrelet en tulipe........	322	320	356	369	352	352	"
Diamètre de la plate-bande de volée.	300	277	324	347	"	"	444
Longueur des tourillons.........	143	143	169	169	170	170	179
Écartement des tranches des embases..................	409	409	512	494	560	560	602
Distance de l'axe des tourillons à la tranche de culasse...........	1101,5	972,5	1111,5	1144	1157	1157	1029,5
Distance de l'axe des tourillons à l'axe de la pièce.............	71,5	71,5	84,5	84,5	89,5	89,5	7
	kilog.	kilog.	kilog.	kilog.	kilog.	kilog.	kilog.
Poids moyen de la pièce finie....	2300	1830	3140	3180	3640	3640	3700
Prépondérance de culasse........	175	150	150	180	200	200(1)	185

(1) Le système de fermeture en place.

II.

MUNITIONS ET ARTIFICES.

Les bouches à feu du système 1858-60 ne tirent que des obus oblongs et des boîtes à mitraille. Cependant, les canons de 16° frettés peuvent, à titre tout à fait exceptionnel, tirer quelques boulets de rupture (1).

La poudre en usage dans ce système d'artillerie est la poudre à canon ordinaire.

Le poids de la charge, pour les calibres de 14° et de 16°, est à très-peu près égal au neuvième du poids de l'obus ; dans ces conditions, la vitesse initiale est comprise entre 315 et 325 mètres.

Dans les bouches à feu de la marine, la charge est séparée du projectile par un bouchon.

PROJECTILES (2).

OBUS OBLONGS.

Les obus sont de forme ogivo-cylindrique ; leur culot est plat pour les calibres de 16 et de 22 centimètres, et légèrement bombé pour le calibre de 14 centimètres.

Les obus oblongs contiennent une charge d'éclatement.

Ils présentent deux rangs d'ailettes en zinc.

Les trois ailettes antérieures, ou *tenons directeurs*, sont placées à hauteur du centre de gravité. Dans le tir, elles s'appuient sur la

---

(1) Une vingtaine au plus. Ces boulets sont plus spécialement affectés aux canons de 16° modèle 1864.

(2) Voir l'*Aide-mémoire d'artillerie navale*, 1re livraison de 1874.

paroi forçante des rayures, et communiquent au projectile un mouvement progressif de rotation, en même temps que, par leur *arasement*, elles déterminent son centrage.

Les trois ailettes postérieures, ou *plaques isolantes*, qui ont été adoptées en 1862, s'engagent sous les cloisons pendant le mouvement; elles empêchent ainsi les ballottements et assurent le centrage.

Obus de 14^c. — L'obus de 14^c, chargé, pèse 18^k,650; sa charge d'éclatement est de 0^k,955.

Obus de 16^c. — Trois modèles ont été successivement adoptés pour le calibre de 16 centimètres.

L'obus modèle 1858 avait ses tenons renforcés par des épaulements venus de fonte; il n'était point muni de plaques isolantes.

L'obus modèle 1860 ne différait guère du précédent que par la suppression des épaulements et par la forme circulaire donnée aux tenons directeurs.

Ces projectiles ont été transformés.

Les épaulements de fonte ont été enlevés dans l'*obus modèle 1858 transformé;* il porte actuellement trois tenons elliptiques et trois plaques isolantes; de plus, il a été muni à l'avant d'un *bouton directeur*, en zinc, destiné à guider le projectile pendant le chargement (1).

L'obus modèle 1860 transformé a conservé ses trois tenons circulaires; il a reçu trois plaques isolantes et un bouton directeur.

Ces obus transformés sont seuls employés dans les canons de 16^c à rayures modèle 1858, qui tous se chargent par la bouche. Exceptionnellement, ils peuvent être employés dans les canons à

---

(1) La largeur des rayures modèle 1858 est de 62^{mm},2; celle des rayures modèle 1860 est de 50 millimètres. D'autre part, la largeur des tenons des obus transformés est de 50 millimètres. Le bouton directeur a pour objet de maintenir les tenons en contact avec les parois forçantes des rayures modèle 1858, quand lui-même touche la paroi-talon de l'une des rayures.

rayures modèle 1860, se chargeant par la bouche, mais à la condition que les boutons directeurs soient préalablement enlevés.

L'obus modèle 1862 a ses parois latérales renforcées vers l'avant ; il est muni de trois tenons circulaires et de trois plaques isolantes. Dans cet état, il est exclusivement destiné aux canons de 16ᶜ à rayures modèle 1860 et à chargement par la bouche.

Il a été transformé, en 1866, pour le tir des canons à chargement par la culasse ; trois *boutons d'arrêt* (1), en zinc, destinés à arrêter le projectile à sa position exacte de chargement, ont été adaptés vers l'arrière de la partie cylindrique ; en outre, une *ganse*, en fil de laiton, a été fixée au culot par deux pitons à vis : elle facilite le maniement de l'obus pendant la charge.

Toutefois, ceux des obus modèle 1862 transformés qui sont cédés par la marine au département de la guerre ne doivent pas avoir de boutons d'arrêt ; mais ils conservent leur ganse.

Enfin, les obus de 16ᶜ qui sont fabriqués depuis 1866 sont munis d'alvéoles de bouton d'arrêt et de trous de ganse, de manière que ces projectiles puissent être indifféremment affectés aux canons se chargeant par la bouche ou aux canons se chargeant par la culasse.

L'obus modèle 1858 transformé pèse, tout chargé, 30ᵏ,750 ; l'obus modèle 1860 transformé, 31ᵏ,590 ; l'obus modèle 1862, 31ᵏ,490. La charge d'éclatement est de 1ᵏ,400 pour les deux premiers, et de 1ᵏ,300 pour le troisième.

Obus de 22ᶜ. — Le poids total de l'obus de 22ᶜ est de 79ᵏ,800 (2) ; la charge intérieure est de 4ᵏ,000.

----

(1) Les boutons d'arrêt s'engagent dans les rainures d'arrêt pratiquées sur les cloisons au fond de l'âme.

(2) Primitivement, les obus de 22ᶜ étaient au poids de 82 kilogrammes.

*Dimensions et données principales des obus oblongs
de l'artillerie modèle 1858-60.*

ARTILLERIE MODÈLE 1858-60.	OBUS OBLONGS				
	DE 14ᶜ.	DE 16ᶜ, modèle 1858.	modèle 1860.	modèle 1862.	DE 22ᶜ.
	millim.	millim.	millim.	millim.	millim.
Diamètre de l'obus oblong.............	136,6	162,3	162,3	162,3	220,9
Longueur.. { de la partie cylindrique.....	154	175	175	175	250
de la partie ogivale tronquée.	139	167	167	167	240,5
totale....................	293	342	342	342	490,5
Épaisseur des parois latérales { à la naissance de l'ogive.........	22	25	26	31	34
près du culot.....	22	25	26	26	34
Épaisseur au centre du culot.	28	30	31	31	41
Diamètre.. { intérieur de l'œil..........	24	24	24	24	(1) 28,5
du fond des filets de la partie taraudée...............	30	30	30	30	32
Poids..... { de l'obus vide, sans tenons ni plaques isolantes........	kilog. 16,900	kilog. 28,200	kilog. 29,100	kilog. 29,100	kilog. 74,000
de la charge d'éclatement. ..	0,955	1,400	1,400	1,300	4,000
du mécanisme percutant de la marine,...............	0,425	0,510	0,510	0,510	0,545
total....................	18,650	30,750	31,590	31,490	79,800

(1) Ce diamètre était de 24 millimètres pour les obus de 82 kilogrammes (1ᵉʳ tracé, 1862).

BOÎTES À MITRAILLE.

Pour chaque calibre, il y a plusieurs espèces de boîtes à mitraille, renfermant toutes des balles en zinc.

Les boîtes sont cylindriques. Leur *enveloppe* est en tôle, et leur *culot* en fer forgé; leur *couvercle* est généralement en tôle.

Les boîtes qui sont destinées aux canons se chargeant par la bouche sont munies d'une poignée en fer, placée au centre du couvercle. Dans celles, au contraire, qui sont affectées aux canons se chargeant par la culasse, une ganse en fil de laiton est fixée au culot.

Boîtes à mitraille de 14ᶜ. — Les canons de 14ᶜ modèle 1858-60 ont deux boîtes à mitraille : la *petite*, qui pèse 8ᵏ,580, et la *grande*, qui pèse 19ᵏ,400.

Boîtes à mitraille de 16ᶜ. — La *petite boîte*, de 13ᵏ,600, est réservée aux canons de 16ᶜ se chargeant par la bouche. La *moyenne boîte*, de 20ᵏ,500, sert pour les canons se chargeant par la bouche ou par la culasse : le culot et le couvercle sont en fer forgé. Enfin, la *boîte à petites balles*, de 30 kilogrammes, et la *boîte à grosses balles*, de 31 kilogrammes, sont employées uniquement avec les canons à chargement par la culasse.

Boîtes à mitraille de 22ᶜ. — La *boîte à petites balles* pèse 31ᵏ,100, et la *boîte à grosses balles*, 39ᵏ,000.

Dimensions et données principales des boîtes à mitraille de l'artillerie modèle 1858-60.

ARTILLERIE MODÈLE 1858-60.	CANONS DE 14ᶜ.		CANONS DE 16ᶜ.				OBUSIERS DE 22ᶜ.	
	Petite boîte.	Grande boîte.	Petite boîte. (1)	Moyenne boîte. (2)	Boîte à petites balles. (3)	Boîte à grosses balles. (3)	Boîte à petites balles.	Boîte à grosses balles.
Diamètre extérieur de la boîte............ mill.	136,6	136,6	162	162	162	162	220,5	220,5
Épaisseur du culot..... mill.	12	12	11	11	16	16	11	19
Épaisseur du couvercle.. mill.	1	1	1	11	2	1	1,5	1,5
Balles en zinc. Nombre.........	20	18	20	27	170	18	56	12
Balles en zinc. Diamètre.... mill.	44,3	44,3	33	33	31	33	50	89
Balles en zinc. Poids....... kil.	0,307	0,307	0,350	0,355	0,140	0,355	0,145	2,500
Balles en zinc. Poids total.... kil.	6,140	11,756	10,000	17,145	21,640	25,000	21,508	30,000
Poids total de la boîte remplie........... kil.	8,580	19,400	13,600	20,500	30,000	51,000	51,100	39,000

(1) Pour les canons de 16ᶜ se chargeant par la bouche.
(2) Pour les canons de 16ᶜ se chargeant par la bouche ou par la culasse.
(3) Pour les canons de 16ᶜ se chargeant par la culasse.

CHARGES.

La charge est la même pour les obus oblongs et les boîtes à mitraille de même calibre. Elle est renfermée dans une *gargousse* cylindrique en papier parchemin.

Les gargousses sont confectionnées sur un mandrin dont le diamètre est égal aux 0,911 du diamètre de l'âme.

La densité de la poudre à canon, tassée au refus, est de 0,95 : on peut donc calculer facilement la hauteur de la poudre dans une gargousse d'un mandrin donné; on ajoute une vingtaine de millimètres pour tenir compte de la hauteur de la ligature et de la cocarde.

Canons de 14e. — La charge des canons de 14e est de 2^k,000. La gargousse est au mandrin de 126 millimètres; sa longueur totale est de 176 millimètres.

Canons de 16e. — Les canons frettés de 16e tirent à la charge de 3^k,500 ; les canons de 30 rayés de côte, à la charge de 3^k,000.

La gargousse des canons frettés est au mandrin de 150 millimètres ; elle a une longueur totale de 218 millimètres.

Obusiers de 22e. — Les obusiers rayés de 22e sont employés comme canons ou comme mortiers.

Dans le premier cas, la charge est fixe et de 5^k,000; dans le deuxième cas, elle varie de 1^k,000 à 6^k,000.

La gargousse est au mandrin de 159 millimètres.

BOUCHONS.

Un bouchon en algue (1) est interposé, dans le chargement de la pièce, entre le projectile et la gargousse. Il a pour effet principal de diminuer la fatigue de la bouche à feu.

---

(1) Au besoin, les bouchons en algue peuvent être remplacés par des bouchons en foin. Le diamètre et la longueur de ces derniers sont de 160 millimètres pour les canons de 16e, à chargement par la culasse, qui sont affectés à l'armement de Paris et de Belfort.

La longueur des bouchons en algue est de 90 millimètres pour les canons de 14ᶜ; 110 millimètres pour les canons de 16ᶜ, et 135 millimètres pour les obusiers de 22ᶜ.

ARTIFICES POUR LA COMMUNICATION DU FEU.

Étoupilles. — Pour mettre le feu à la pièce, on se sert d'*étoupilles à friction*.

L'étoupille de la marine diffère principalement de celle de la guerre par l'emploi de tubes en plume, au lieu de tubes en cuivre, et par la composition de la poudre fulminante. Une ganse en fil permet de retirer l'étoupille du canal de lumière.

Fusées. — Tous les obus sont munis de fusées percutantes.

Jusqu'à la fin de 1866, la marine a appliqué aux obus le *mécanisme Tardy;* depuis lors, elle a adopté une fusée dite *à double réaction.*

Les obus de 16ᶜ en service dans les batteries du département de la guerre sont armés transitoirement de *fusées percutantes* de 30 millimètres, système Demarest, *pour obus oblongs ordinaires de 30 et de 24* (1).

---

(1) Avant d'enfoncer l'obus dans le canon, on doit avoir soin de décoiffer la fusée Demarest ; ce qu'on fait en arrachant le ruban de fil collé sur la tête.

III.

HAUSSES[1].

Pour le tir à mitraille, qui est limité à 200 mètres, on pointe par la ligne de mire médiane, tracée à la partie supérieure des bouches à feu.

Pour le tir à obus, on pointe à l'aide de *Hausses latérales*.

Les Hausses en usage dans la marine sont dites *droites* ou *inclinées*, suivant qu'elles sont ou non parallèles au plan de tir.

Ces instruments se composent de trois parties principales : le *curseur* ou Hausse proprement dite; la *traverse*, parallèle à l'axe des tourillons; et le *chapeau porte-cran de mire*, mobile sur la traverse.

Les Hausses sont dites *mobiles*, quand le curseur est mobile dans une rainure disposée à la culasse; dans ce cas, la traverse est fixe par rapport au curseur. Si, au contraire, le curseur est fixe, et la traverse mobile, les Hausses sont dites *fixes*.

Le curseur porte une graduation qui permet de donner immédiatement la hausse, connaissant la distance du but à battre exprimée en *encâblures* (de 200 mètres) : il suffit de s'arrêter, sur cette échelle des encâblures, à la division qui est affectée d'un nombre égal à la valeur de la distance (2).

Dans toutes les Hausses latérales, la face supérieure de la traverse est divisée en millimètres : cette graduation permet de corriger les déviations accidentelles (3). Ce sont les seules dont il y ait lieu de se préoccuper dans le cas où la Hausse est inclinée; car la dérivation moyenne est corrigée directement par l'inclinaison du curseur.

Quand la Hausse est droite, la face postérieure de la traverse

---

(1) Voir le *Manuel du matelot-canonnier*, édition de 1873.

(2) Par exemple, on s'arrêtera à la division 7, pour une distance de 7 encâblures ou 1400 mètres.

(3) En règle générale, le projectile suit le sens du déplacement du cran mobile. Pour corriger, par exemple, une déviation constante des projectiles sur la droite, il faut porter le cran mobile sur la gauche.

porte une graduation en encâblures, qui correspond à celle du curseur. On corrige sur cette échelle la dérivation correspondante à la portée; puis on achève de donner la dérive sur la face supérieure de la traverse.

HAUSSES DES CANONS DE 14ᶜ. — Les canons de 14ᶜ ont deux Hausses mobiles.

La *petite Hausse* est inclinée; son curseur est gradué de 0 à 15 encâblures (0 — 3000 mètres).

La *grande Hausse* est droite; son curseur est gradué de 15 à 28 encâblures (3000—5600 mètres).

HAUSSES DES CANONS DE 16ᶜ. — Les canons de 16ᶜ, se chargeant par la bouche ou par la culasse, ont deux Hausses mobiles.

La *petite* est inclinée, et graduée de 0 à 16 encâblures (0—3200 mètres).

La *grande* est droite, et graduée de 16 à 30 encâblures (3200—6000 mètres).

HAUSSES DES OBUSIERS DE 22ᶜ. — L'obusier rayé a trois Hausses fixes et droites : deux d'entre elles sont employées pour le tir à la charge fixe de 5ᵏ,000; la troisième, pour le tir en bombe à charges variables.

La *petite Hausse*, ou *Hausse n° 1*, est graduée de 0 à 11 encâblures (0—2200 mètres); la *Hausse moyenne*, ou *n° 2*, est graduée de 11 à 21 encâblures (2200—4200 mètres) : elles ont l'une et l'autre la même traverse, qui porte des divisions de 0 à 21 encâblures. Toutes deux sont destinées au tir à charge fixe.

La *grande Hausse*, ou *Hausse n° 3*, est réservée pour le tir en bombe. Elle porte des graduations particulières : le curseur est divisé en millimètres; la partie supérieure et la partie postérieure de la traverse sont également divisées en millimètres. Sur la partie inférieure de la Hausse est gravée une table de tir à quatre colonnes : la première colonne, marquée C, pour les charges; la seconde, P, pour les portées; la troisième, H, pour les hausses, en millimètres; enfin, la quatrième, D, pour les dérives, en millimètres.

IV.

AFFÛTS. — ARMEMENTS ET ENGINS DE POINTAGE.
INSTALLATION DES PIÈCES DANS LES BATTERIES
DE CÔTE ET DE PLACE.

AFFÛTS (1).

AFFÛTS EMPLOYÉS À BORD.

À bord des bâtiments de guerre, les bouches à feu du système 1858-60 sont montées, en général, sur des *affûts marins à 4 roues* ou à *échantignolles* (2).

1° AFFÛTS À 4 ROUES. — Les affûts à 4 roues sont employés dans les *batteries* (couvertes).

Les *affûts à 4 roues pour canons de 16ᶜ et pour canons de 14ᶜ* ont, comme pièces principales, 2 *flasques*. Ces flasques sont divergents; ils sont évidés en-dessous, et présentent à leur partie supérieure une série de gradins, ou *adents*, destinés à servir d'appui aux leviers. Ils sont assemblés vers l'avant par une *entretoise*, fortement inclinée. 2 *essieux* en bois, encastrés dans les flasques, consolident l'assemblage; ils sont munis chacun d'une paire de *roues*. Une *sole d'affût* (tirant) se relie aux essieux, et sert de support aux engins de pointage en hauteur.

2° AFFÛTS À ÉCHANTIGNOLLES. — Les affûts à échantignolles sont employés sur les *gaillards* (à ciel ouvert). Leur recul est réduit, et ils permettent de tirer sous des angles qui dépassent 30 degrés.

Les *affûts à échantignolles pour canons de 16ᶜ et pour canons de 14ᶜ* ne diffèrent des affûts à 4 roues que dans les parties suivantes : l'essieu et les roues de derrière, et en général la sole, sont supprimés;

---

(1) Voir l'*Aide-mémoire d'artillerie navale*, 2ᵉ livraison de 1874 et suivantes.
(2) Des affûts *à flèche directrice* et des affûts *à châssis* sont également en service.

une deuxième entretoise est disposée à l'arrière en remplacement de l'essieu; sous chacun des flasques est assemblée une *échantignolle*, qui porte sur le pont et modère le recul par son frottement; une *plaque de levier directeur*, garnie d'un *godet*, est fixée à l'entretoise-arrière.

L'affût pour obusier rayé de 22ᶜ (1) est plus élevé que les affûts ordinaires, et en même temps plus solide afin de permettre le tir en bombe à forte charge. Les échantignolles n'ont pas d'évidement; elles portent sur le pont par presque toute leur longueur; l'avant est taillé en biseau et arrondi, afin de diminuer le frottement lorsque l'arrière de l'affût est soulevé par le levier directeur. L'essieu de l'avant est en fer. Des plaques de tôle et des boulons relativement nombreux protègent et renforcent les parties en bois.

L'affût de batterie pour canon de 36 nᵒ 1 a été récemment transformé (2) en affût à échantignolles pour servir aux canons de 16ᶜ modèle 1858-60, se chargeant par la bouche ou par la culasse. Cet affût transformé permet de donner à la pièce une inclinaison maxima de 37 degrés. La sole a été supprimée; l'essieu de derrière a été remplacé par une entretoise en fer, qui descend presque au niveau de la face inférieure des échantignolles; deux plaques de levier directeur sont adaptées à la queue des flasques.

AFFÛTS EMPLOYÉS À TERRE.

1° AFFÛTS MARINS. — Les canons de 14ᶜ n'ont pas été mis en service dans les batteries de la guerre; mais, au besoin, on pourrait les employer sur affûts marins.

L'obusier rayé de 22ᶜ, qui doit surtout tirer en bombe, est monté

---

(1) Voir une note du mois d'octobre 1874, relative à l'affût pour obusier de 22ᶜ rayé, en fonte, fretté. Cet affût appartient au genre des affûts à *semelles*. Les affûts à semelles sont une modification des affûts à échantignolles, dans laquelle les surfaces frottantes sont considérablement augmentées.

(2) Cette transformation a été faite spécialement pour les canons de 16ᶜ, à chargement par la culasse, que la marine a cédés au département de la guerre.

sur son affût à échantignolles; on a renoncé à le servir sur affût de côte en fonte pour canon de 19°, les essais n'ayant pas donné de résultats satisfaisants.

Les canons de 16°, frettés ou non frettés, sont, en principe, montés sur affûts de côte en fonte (1). Toutefois, on peut être obligé, dans quelques circonstances particulières, d'avoir recours à des affûts marins. On emploie alors de préférence l'affût spécial à échantignolles provenant de la transformation de l'affût de batterie pour canon de 36 n° 1.

2° Affûts de côte en fonte. — Il n'y a qu'un seul modèle d'affût de côte en fonte pour les canons de 30 rayés de côte et les divers canons de 16° modèle 1858-60, se chargeant par la bouche ou par la culasse (2).

L'affût de côte est monté sur un *grand châssis*, en fonte, qui pivote autour d'une *cheville-ouvrière* placée près de l'épaulement.

Les 2 *flasques* sont assemblés entre eux au moyen d'un *essieu*, de 2 *entretoises de devant* et d'une *entretoise de crosse*. L'essieu porte 2 *rouleaux*, munis de *trous d'embarrage* : ces rouleaux reposent sur les *côtés* du grand châssis; le *guide de crosse*, appliqué contre le derrière de l'entretoise de crosse, emboîte la *directrice*. Les tourillons de la bouche à feu sont logés dans des *coussinets* mobiles *de tourillon*, en fer pour les canons rayés de 30 non frettés, et en bronze pour les canons de 16° frettés. L'appareil de pointage, composé d'éléments variables, est placé sur une *entretoise de mire* en fonte, disposée entre les flasques.

---

(1) Par décision ministérielle en date du 30 avril 1874, l'affût de côte en fonte sera affecté au canon de 16° modèle 1858-60, se chargeant par la bouche ou par la culasse, lorsque cette bouche à feu sera employée dans l'armement des places.

(2) Les données relatives à la construction de l'affût de côte, du grand châssis, de la sellette et des armements se trouvent dans les *Tables* du 3 septembre 1847, dans leurs annexes n° 4, 5 et 6, concernant l'appropriation de ce matériel au tir des canons de 30 rayés de côte, et enfin dans une dernière annexe, n° 7, concernant l'appropriation au tir des canons frettés de 16° modèle 1858-60.

Le grand châssis prend appui à l'avant, par son *lisoir* (en bois), sur la *sellette de cheville-ouvrière;* il est soutenu à l'arrière par 2 *roulettes* enchapées, percées l'une et l'autre de trous d'embarrage.

3° Affûts de casemate de côte. — Le canon de 30 rayé de côte peut aussi être servi sur un affût de *casemate de côte* en fonte (1).

Cet affût, analogue à l'affût de côte, est monté sur un châssis à *lisoir directeur.*

ARMEMENTS ET ENGINS DE POINTAGE.

Les indications qui suivent sont relatives au service des bouches à feu dans les batteries de place ou de côte; elles sont limitées d'ailleurs aux objets qui présentent un intérêt particulier.

À ce point de vue, il y a lieu de citer tout d'abord l'*écouvillon-refouloir,* commun aux canons de 16°, modèle 1858-60 et modèle 1864, se chargeant par la culasse. La hampe de cet écouvillon est munie d'une *traverse* qui vient butter contre la tranche de culasse, lorsque l'obus est rendu à son poste de chargement; la position que doit occuper la traverse est repérée par des *arrêts de traverse,* fixés sur la hampe.

Les *anspects,* leviers en bois dont la pince est coupée en sifflet, servent à embarrer sous la culasse des pièces montées sur affûts marins.

Ils sont également employés pour donner les divers déplacements longitudinaux et latéraux (2).

Avec les affûts à échantignolles, on se sert en outre de *leviers directeurs* à galet, pour mettre en batterie et pour dégrossir le pointage en direction.

(1) Voir les *Tables de construction* de l'affût et du grand châssis de casemate de côte (24 juillet 1852).

(2) À bord des bâtiments, on remet en batterie à l'aide des palans de côté, et on modère le mouvement à l'aide du palan de retraite. Le recul est limité au moyen d'une brague. Dans certaines circonstances, il sera utile d'employer, à terre, des palans qui serviront à diriger l'affût sur la plate-forme.

Dans le tir aux petits angles, la pièce montée sur affût à échantignolles a un recul assez considérable. Pour le réduire, on fait usage de *coins-sabots,* placés en arrière et près des roues : ces coins reçoivent les roues et glissent sur la plate-forme. On peut aussi employer des *coins de recul,* dont la partie effilée est engagée sous l'arrière des roues : la pièce monte sur ces plans inclinés, et revient ensuite d'elle-même à sa position de batterie.

Des coins-sabots, réunis par une traverse, sont également adoptés pour l'affût de côte en fonte. Les armements de manœuvre affectés à cet affût sont : le *levier à galet,* analogue au levier directeur de la marine, qui sert à soulever la crosse dans les mises en batterie et hors de batterie; les *leviers de rouleau,* en fer, qui sont engagés dans les trous d'embarrage des rouleaux pour les mises en batterie, et dans ceux des roulettes de grand châssis pour le pointage en direction; enfin les *leviers de manœuvre,* en bois, avec lesquels on soulève la culasse.

Les engins de pointage employés avec les affûts marins pour donner aux pièces une inclinaison convenable sont, indépendamment des leviers : les *soles mobiles,* parallélipipèdes droits (pour les affûts à échantignolles seulement); les *coussins de pointage,* troncs de prisme à base trapézoïdale; les *coins de mire,* troncs de prisme à base triangulaire, qui sont placés soit à plat, soit de champ.

En combinant entre eux ces divers éléments, on peut obtenir tous les angles de projection que permet le mode de construction de l'affût.

Par exemple, l'affût spécial à échantignolles pour canons de 16ᶜ modèle 1858-60 est pourvu d'une sole mobile, d'un coussin n° 1 et d'un coin de mire n° 1 modifié. Entre 37 et 22 degrés, l'inclinaison de la pièce est obtenue au moyen du coin de mire posé sur l'entretoise en fer, d'abord à plat et le bec tourné vers l'arrière, puis de champ. Entre 22 et 9 degrés, on met en place la sole mobile, et on emploie encore le coin, d'abord à plat, puis de champ. Au-dessous de 9 degrés, on pose le coussin sur la sole, la grande face rectangulaire tournée vers l'avant; suivant l'inclinaison que doit prendre la pièce, on retire le coussin vers l'arrière, ou bien, laissant le coussin en place, on le surmonte du coin, mis d'abord à plat, et ensuite de champ (1).

Avec l'affût de côte en fonte, on fait usage, suivant le cas, d'une *vis de pointage* portée par un *coussinet de pointage*, du même coussinet sans vis, et d'un *plateau de pointage*, ou coussinet spécial, ne différant du coussinet ordinaire que par une épaisseur plus faible et par l'absence du logement de vis de pointage; on place un *coin de mire* sur le coussinet ou sur le plateau, pour avoir une série complète et continue d'angles de tir.

Les différentes inclinaisons entre — 5 et + 10 degrés sont obtenues à l'aide de la vis de pointage. Pour les angles variant de 10 à 20 degrés, on fait usage du coin de mire et du coussinet ordinaire de pointage, dépourvu de la vis et placé de champ. De l'angle de 20 degrés à celui de 25, on substitue au coussinet ordinaire le plateau de pointage. A partir de 25 degrés et jusqu'à la limite de 30, le coin de mire est placé seul sur l'entretoise de mire en fonte (2).

INSTALLATION DES PIÈCES DANS LES BATTERIES DE CÔTE ET DE PLACE. — PLATES-FORMES.

PIÈCES SUR AFFÛTS MARINS.

Jusqu'à présent on n'a pas adopté de plates-formes réglementaires pour les affûts marins à 4 roues ou à échantignolles. Les indications qui suivent ne sont données qu'à titre de simples renseignements.

Les plates-formes sont, autant que possible, tenues horizontales :

---

(1) Le coussin porte sur chacune de ses deux faces rectangulaires une poignée en corde. Les extrémités de la poignée de la petite face sont munies de *cabillots*, auxquels s'attachent les jarretières, ou *rabans*, destinées à retenir le coussin au moment du tir.

(2) Entre 15 et 30 degrés, on tourne le manche du coin de mire du côté de la tête d'affût, pour empêcher que le cadran et la console ne viennent frapper la partie supérieure du coin au moment du tir.

On doit éviter avec le plus grand soin d'embarrer sous la console, ce qui pourrait la fausser et mettre par suite la pièce hors d'état de servir.

cette disposition est favorable à la justesse du tir, puisque l'axe des tourillons reste toujours horizontal ; elle permet, en outre, de pointer la pièce sous les plus grands angles que comporte le mode de construction de l'affût ; enfin, les canonniers sont moins exposés à la queue de la plate-forme.

La plate-forme pour affût spécial à échantignolles des canons de 16ᶜ modèle 1858-60 (1) est analogue à la plate-forme ordinaire de siége, comme dispositions générales et quant aux matériaux employés pour sa construction.

Toutefois, il sera prudent, en vue du tir sous les grands angles, d'augmenter au moins le nombre des gîtes (2) placés sous les madriers de recouvrement ; il conviendra, notamment, d'en placer un sur la directrice, 2 à l'aplomb des échantignolles et 2 à l'aplomb ou un peu en dehors des roues.

Un demi-madrier, placé de champ, servira de heurtoir.

La hauteur de genouillère, mesurée à partir de la face supérieure des madriers de la plate-forme, est de 0ᵐ,70 seulement.

L'ouverture intérieure de l'embrasure a une largeur de 0ᵐ,80, dimension suffisante quand la pièce n'a pas besoin d'un grand champ de tir. Le fond de l'embrasure est tenu, autant que possible, en contre-pente ; son inclinaison est réglée d'après la distance et l'élévation des points probables à contre-battre. Néanmoins, pour les pièces à chargement par la culasse, le fond de l'embrasure sera modifié dans le voisinage du talus intérieur, de manière à permettre de donner à la bouche à feu une position sensiblement horizontale, quand on chargera après le retour en batterie.

La hauteur de l'épaulement au-dessus de la plate-forme peut être limitée à 1ᵐ,60, mais à condition que des rigoles soient ménagées pour les servants sur les côtés de la plate-forme.

___

(1) Écartement des roues de l'affût (d'axe en axe), 1ᵐ,10 ; écartement des échantignolles (d'axe en axe), à l'avant 0ᵐ,75, et à l'arrière 0ᵐ,80 ; épaisseur des échantignolles, 0ᵐ,15.

(2) Ce nombre pouvant être porté à 7. Peut-être conviendrait-il aussi d'augmenter l'équarrissage des gîtes d'échantignolles.

Quant à l'obusier de 22°, des expériences qui doivent permettre de fixer définitivement le type de plate-forme à adopter sont en cours d'exécution.

PIÈCES SUR AFFÛTS DE CÔTE.

Les pièces montées sur affûts de côte peuvent tirer à barbette, ou par des demi-embrasures, analogues aux embrasures de place.

La plate-forme (1) est horizontale ; elle se compose de deux parties : l'une antérieure, sur laquelle est fixée la sellette de cheville-ouvrière ; l'autre postérieure, formant la voie des roulettes du grand châssis. La première partie est, autant que possible, constituée par un dé en pierre de taille, monté sur un massif en maçonnerie. La deuxième partie est une *voie circulaire*, en fonte, composée de 8 *semelles, 7 courbes* et 8 *coins*.

A défaut de maçonnerie pour l'établissement de la sellette de cheville-ouvrière, on pourra avoir recours à l'emploi du cadre du petit châssis qui a été adopté en 1873 pour les plates-formes de l'armement de sûreté.

PIÈCES SUR AFFÛTS DE CASEMATE DE CÔTE.

Les plates-formes (2) sont généralement établies en maçonnerie. On peut aussi, dans certains cas, les construire en bois. La plate-forme comprend alors un *tablier de devant* et une *voie circulaire* pour les *galets de derrière*. Le tablier de devant est formé de 6 madriers qui reposent sur 5 gîtes d'inégale longueur ; il porte une *bande circulaire*, ayant pour centre la cheville-ouvrière. La voie circulaire est établie avec 4 madriers, posés sur les gîtes du milieu et sur 4 madriers-gîtes.

____

(1) Voir les *Tables de construction* de la plate-forme de l'affût de côte en fonte (30 mai 1848), et leurs annexes n°° 1, 2 et 3. Voir également la note ministérielle du 15 décembre 1873 sur le petit châssis métallique adopté pour les plates-formes de place de l'armement de sûreté, et la note ministérielle du 28 mai 1874 sur l'emploi de l'affût de côte pour le service des canons de 16° de la marine modèle 1858-60 dans l'armement des places.

(2) Voir les *Tables de construction* des plates-formes de l'affût de casemate de côte (5 mars 1853).

V.

MANOEUVRE ET SERVICE DES BOUCHES À FEU.

La manœuvre des canons et obusiers de la marine, se chargeant par la bouche, diffère peu de celle des pièces de la guerre. Il convient cependant de faire observer, en ce qui concerne l'obusier de 22^c, qu'il est utile d'amarrer la gargousse au bouchon, quand la charge ne dépasse pas 3^k,000 : la gargousse, laissée libre, pourrait s'arc-bouter dans l'âme ou se placer de travers dans la chambre.

La manœuvre et le service des bouches à feu se chargeant par la culasse exigent, au contraire, certaines précautions sur lesquelles il convient d'appeler l'attention. Il y a lieu surtout d'insister sur les soins à donner aux obturateurs : si quelque négligence était apportée dans le maniement et le nettoyage de l'obturateur, on risquerait de mettre rapidement hors de service une bouche à feu qui, par elle-même, pourrait être établie dans les meilleures conditions.

CANONS DE 16^c MODÈLE 1858-60, SE CHARGEANT PAR LA CULASSE (1).

EXÉCUTION DE LA CHARGE.

Le coup parti, et la pièce de retour en batterie, baisser la volée pour qu'on puisse charger commodément; boucher la lumière.

Ouvrir la culasse.

Engager dans l'âme l'écouvillon mouillé; le pousser au delà du logement du projectile, et le retirer vivement afin d'expulser tous les résidus.

Placer la planchette de chargement dans le logement de vis de culasse. Présenter l'obus, la ganse verticale; engager le tenon inférieur dans la rainure de planchette; pousser à la main le projectile

---

(1) Voir *le Manuel du matelot-canonnier*, édition de 1873.

jusqu'à la naissance des rayures, et le rendre à son poste au moyen du refouloir. Placer dans l'âme, à toucher le projectile, un bouchon, en algue ou en foin. Introduire la gargousse, et la pousser jusqu'à ce que son culot affleure la partie antérieure du logement d'obturateur.

Pendant le chargement, visiter l'obturateur; le mouiller avec une éponge et l'essuyer ensuite; le replacer dans sa position primitive. Passer l'éponge sur la vis de culasse.

La charge étant introduite, nettoyer le logement d'obturateur et le logement de vis de culasse.

Fermer la culasse.

Pointer, dégorger, amorcer et mettre le feu.

Le coup parti, passer le dégorgeoir dans la lumière.

La lumière doit être bouchée tant que la culasse reste ouverte.

Pendant le tir, et de temps à autre, nettoyer l'intérieur de l'obturateur, ainsi que la tête de son boulon; vérifier que l'obturateur ne ballotte pas, qu'il n'est ni fendu ni dégradé.

DÉTAILS DE MANŒUVRE.

OUVERTURE ET FERMETURE DE LA CULASSE. — Pour ouvrir la culasse, soulevant de la main gauche le linguet-arrêtoir, amener la poignée de manivelle à toucher le buttoir d'en haut; saisir alors la poignée de culasse, et tirer la vis hors de son logement; agir enfin sur la poignée de manivelle pour faire glisser la console sur le cadran jusqu'au contact de la clavette.

Pour fermer la culasse, saisir la poignée de manivelle, et abattre la console jusqu'à toucher le buttoir de gauche du cadran; saisir alors la poignée de culasse, et pousser à fond la vis dans son logement; enfin, abattre vivement de gauche à droite la poignée de manivelle.

VISITE ET NETTOYAGE DE L'OBTURATEUR, DE SON LOGEMENT, ETC. — Pour passer la visite de l'obturateur, la culasse étant ouverte et la console au contact de la clavette de cadran, faire tourner, à l'aide de la poignée de culasse, la rondelle porte-obturateur, et par suite l'obturateur lui-même, et voir si ces deux dernières pièces ne portent pas de traînées noirâtres, traces de fuites de gaz. Mouiller l'obturateur avec une éponge imprégnée d'eau douce; nettoyer et essuyer la couronne avec l'éponge ou un linge qui ne s'effile pas. Pour ces opérations, on fait tourner la rondelle à l'aide de la poignée de culasse. Ramener, enfin, la rondelle dans sa position primitive.

On apporte le même soin pour le nettoyage de la vis de culasse.

Quand la charge est introduite, essuyer avec une éponge, ou de préférence avec un linge mouillé ne s'effilant pas, le logement de l'obturateur et celui de la vis de culasse.

Si la couronne de l'obturateur, la rondelle, ou même la vis de culasse, portent des traces de fuites de gaz, on devra examiner attentivement l'obturateur et son logement, après les avoir nettoyés. Si l'on aperçoit quelque dégradation, le chef de pièce en prévient de suite l'officier de batterie.

Si l'on ne remarque pas de dégradations apparentes, et que cependant on éprouve des doutes sur l'état de l'obturateur ou de son logement, il faudra essuyer à sec ces parties : sans cette précaution, les petites dégradations pourraient échapper complétement à la vue ou au toucher.

Il sera utile, pendant le tir, de visiter de temps en temps le fond de l'obturateur. A cet effet, enlever la clavette du cadran et amener la console à toucher le buttoir de droite : l'obturateur est alors entièrement démasqué. Essuyer avec l'éponge le fond de l'obturateur, ainsi que la tête du boulon; vérifier que l'obturateur n'est ni fendu, ni dégradé, et qu'il est bien assujetti : s'il ballotte, revisser à fond le boulon avec une clef.

La visite et le nettoyage étant terminés, et la culasse fermée, replacer la clavette de cadran.

DIFFICULTÉS DE MANŒUVRE.

Ouverture et fermeture de culasse.—Si la culasse résiste à l'ouverture, frapper avec un maillet sur la tête de la manivelle; avoir soin d'interposer un chassoir, pour éviter de fausser la poignée.

Si la culasse est dure à fermer, se servir du maillet pour abattre la manivelle.

Les difficultés que l'on éprouve dans ces mouvements d'ouverture et de fermeture de la culasse peuvent provenir de différentes causes.

Le plus souvent, elles sont dues à l'échauffement de l'obturateur et à la dilatation qui en est la conséquence : on refroidira donc l'obturateur en le mouillant abondamment.

Quelquefois aussi, les difficultés sont occasionnées par le déplacement du boulon d'obturateur, qui s'est dévissé pendant le tir : on y remédie en resserrant le boulon.

Si ce boulon n'a pas bougé, et qu'après le refroidissement de l'obturateur la fermeture de la culasse soit encore trop difficile, il y a lieu d'attribuer la dureté de la manœuvre à une déformation permanente de l'obturateur : il faut alors changer ce dernier.

Mise en place du projectile. — Si le projectile ne se rend pas directement à sa position de chargement, on le retire, soit à la main, soit au moyen d'un crochet de déchargement; on présente de nouveau l'obus, et l'on a soin de bien engager les tenons dans les rayures. On enfonce ensuite le projectile jusqu'à ce qu'il soit rendu à son poste, en agissant vigoureusement sur le refouloir, ou encore en frappant le culot avec un levier.

Si cependant la résistance est trop grande, on met l'obus de côté.

Il arrive souvent qu'un deuxième écouvillonnage fait avec soin permet d'introduire aisément le projectile.

Passage du dégorgeoir dans la lumière. — Si l'on éprouve quelque difficulté pour passer le dégorgeoir dans la lumière après le coup parti, on trempe la lame dans de l'eau douce, et alors la manœuvre sera probablement plus facile.

Si un débris de gargousse, ou si une avarie du grain de lumière empêche complétement le dégorgeoir de passer, on se sert du dégorgeoir à vrille.

On peut encore brûler une étoupille, dont l'explosion suffit le plus souvent pour chasser les crasses, surtout si l'on a introduit quelques grains de poudre dans la lumière.

Si aucun de ces moyens ne réussit à dégager la lumière, le chef de pièce (1) emploie un dégorgeoir aminci. On ne recourt au dégorgeoir à fraise qu'en cas de nécessité absolue.

Du reste, quand on a la précaution de passer le dégorgeoir dans la lumière le plus tôt possible après que le coup est parti, on n'a guère à craindre l'obstruction du canal.

Raté d'étoupille. — Si l'étoupille brûle sans que le coup parte, on doit appeler un artificier.

Se portant hors de la direction du recul, l'artificier dégorge de nouveau, dès que la lumière ne fume plus, et il met une nouvelle étoupille.

Si le coup ne part pas encore, l'artificier dégorge de nouveau, introduit de la poudre dans la lumière, et place une nouvelle étoupille.

Dans aucun cas, on ne doit ouvrir la culasse, ou refouler par la bouche, sans l'ordre exprès du chef de batterie, les ratés pouvant occasionner des accidents très-graves, si l'on ne procède avec beaucoup de prudence.

OBSERVATIONS RELATIVES AUX OBTURATEURS.

Conditions nécessaires pour le bon fonctionnement d'un obturateur. — Lorsqu'on met le feu à la pièce, la couronne de l'obturateur doit venir s'appliquer hermétiquement contre les parois du logement, de manière à interdire tout passage aux gaz de la poudre.

Pour bien fonctionner, l'obturateur doit donc remplir les conditions suivantes :

1° Il doit être bien centré par rapport à son logement : cette condition est remplie à l'avance, puisque, régulièrement, l'obturateur est livré parfaitement ajusté.

2° Il doit rester bien assujetti entre la tête du boulon d'obturateur et la rondelle.

3° Il doit toujours occuper dans son logement la même position par rapport à la verticale : en effet, le logement peut ne pas être parfaitement circulaire, et quelquefois même il s'ovalise par le tir ;

---

(1) Dans la marine, le maître canonnier.

de son côté, l'obturateur prend plus ou moins la forme de son logement; si donc on lui faisait exécuter un tiers de tour, son plus grand diamètre ne correspondrait plus au plus grand diamètre du logement, et il pourrait en résulter des difficultés de manœuvre, ainsi que des fuites de gaz capables de déterminer des dégradations sérieuses. En conséquence, il faudra, avant de fermer la culasse, replacer toujours l'obturateur dans sa position primitive, et pour cela ramener la poignée de culasse à être parallèle au bras de la manivelle, le buttoir-repère de la poignée de culasse touchant l'épaulement de la base de la manivelle.

4° Enfin, l'obturateur et son logement doivent être nettoyés avec soin, de manière que les crasses, les débris de gargousse, etc., n'empêchent pas, dans le tir, l'adhérence de la couronne sur les parois de l'obturateur.

Fonctionnement de l'obturateur; dégradations. — L'obturation est parfaite, quand elle se fait sur toute la hauteur de la couronne : la surface extérieure de la couronne reste alors nette et brillante.

L'obturation est suffisante, quand elle se produit seulement sur une certaine hauteur : la surface de la couronne n'est salie par les gaz de la poudre que vers l'avant. L'obturateur peut fonctionner longtemps dans ces conditions, qui sont d'ailleurs les plus usuelles. Parfois, cependant, la partie obturante diminue assez vite de hauteur jusqu'à se réduire presque à une ligne : l'obturateur est de mauvaise qualité, et il est prudent de le remplacer avant que la dernière limite n'ait été atteinte.

L'obturation est mauvaise, quand la couronne est salie sur toute sa hauteur par des fuites de gaz.

Quand on aperçoit les traces noirâtres de ces fuites, on doit nettoyer avec soin l'obturateur et son logement, et voir si des stries (1) se sont formées sur les surfaces en contact.

Si les stries n'existent que sur l'obturateur, il y a lieu de le chan-

---

(1) Ces légères érosions sont dues à l'écoulement rapide des gaz qui s'échappent par les joints de la culasse.

ger ; si elles existent sur le logement et qu'elles soient très-faibles, on essayera de continuer le tir après avoir changé l'obturateur. Si les fuites se produisent derechef, on suspendra le feu.

Parfois un obturateur, établi dans de mauvaises conditions, peut se fendre pendant le tir. Si la fente se produit sur le fond et circulairement, l'obturateur peut encore supporter un assez grand nombre de coups : dans un combat actif, on continuera le tir tout en surveillant le défaut; si l'on a du temps devant soi, il vaudra mieux changer de suite l'obturateur.

Si la fente se produit sur la couronne, ou bien si, se manifestant sur le fond, elle suit la direction d'un rayon, l'obturateur doit être remplacé immédiatement.

Dès qu'un obturateur fonctionne mal, le chef de pièce en prévient le chef de batterie, et celui-ci décide s'il y a lieu de changer ou de conserver l'obturateur, de continuer ou d'arrêter le feu.

Chaque bouche à feu a un obturateur de rechange, portant le numéro de la pièce, et renfermé dans une boîte spéciale, marquée également de ce numéro.

Mise en place d'un obturateur. — Le boulon d'obturateur étant serré à fond, on engage l'obturateur par-dessus la tête du boulon, et on le fait tourner de droite à gauche jusqu'à ce que les adents se trouvent à peu près vis-à-vis des oreilles de la tête. On ferme alors la culasse, et l'on abat la manivelle à plusieurs reprises : l'obturateur se centre de lui-même, et l'opération est terminée.

On peut, au besoin, vérifier de la manière suivante qu'un obturateur est bien centré. On enduit le logement d'une matière colorante (sanguine ou minium délayé dans de l'huile); on ferme la culasse et on abat plusieurs fois la manivelle : la couronne doit se colorer d'une manière uniforme sur tout son pourtour.

ENTRETIEN DES APPAREILS DE CULASSE.

Conservation. — Les appareils de culasse des pièces en batterie sont engagés dans leurs logements à la position de fermeture.

Ces appareils et leurs accessoires, les logements de vis de culasse et les logements d'obturateur sont visités, nettoyés et graissés, tous les huit jours au moins, par le maître armurier, qui est spécialement chargé de l'entretien et des réparations des culasses.

Soins que nécessite le tir. — Avant le commencement du tir, on enlève soigneusement la graisse qui recouvre la vis de culasse et son écrou, et on les mouille à l'eau douce.

Pendant le tir, tout graissage est supprimé.

Après chaque tir, les diverses parties de l'appareil de culasse, les logements de vis et d'obturateur sont visités, nettoyés et graissés avec le plus grand soin. Les vis de culasse ne sont enfoncées dans leurs logements que lorsque les canons sont complétement secs. Le maître armurier examine avec une scrupuleuse attention les obturateurs, qui, s'il y a lieu, sont immédiatement changés ou réparés.

Il est recommandé de ne dévisser le boulon central que le plus rarement possible.

Nettoyage. — Les diverses parties du mécanisme de culasse, après avoir été démontées, si cela est nécessaire, sont lavées à grande eau, à l'aide de brosses très dures (1). Elles sont ensuite essuyées avec un linge sec, puis frottées avec une brosse dure et grasse.

Dans le cas où des taches de rouille n'auraient pu être enlevées par ce nettoyage, le maître armurier se servirait d'émeri, ingrédient dont l'emploi est d'ailleurs rigoureusement interdit aux canonniers.

Graissage. — Lorsque les appareils de culasse sont bien nettoyés, on graisse toutes les parties en acier, ainsi que les logements de vis de culasse et d'obturateur.

La graisse employée est celle des armes portatives (2).

On l'applique avec des brosses douces, qui ne doivent servir qu'à cet usage.

---

(1) Les brosses destinées au nettoyage des filets de la vis de culasse sont droites et longues.

(2) Elle est composée de deux parties d'huile d'olive et une partie de graisse de mouton épurée.

VI.

FORMULES ET RENSEIGNEMENTS BALISTIQUES. — TABLES DE TIR [1].

—

FORMULES ET RENSEIGNEMENTS BALISTIQUES.

Notations. — On désigne par :

α l'angle de projection.............................. $\Big\}$ en degrés.
ω l'angle de chute. ....

a le diamètre du projectile, en décimètres.
p le poids du projectile, en kilogrammes.
V la vitesse initiale........................
v la vitesse restante........................
X la portée................................
D la dérivation.............................
e_d l'écart moyen en direction................ $\Big\}$ en mètres.
e_p l'écart moyen en portée..................
e_h l'écart moyen en hauteur................
δ l'écart moyen des vitesses...............
ε_d l'écart angulaire initial moyen en direction.. $\Big\}$ en degrés.
ε_h l'écart angulaire initial moyen en hauteur..
T la durée du trajet, en minutes et secondes.
g l'accélération due à la pesanteur, en mètres.
c le coefficient de la résistance de l'air, laquelle est supposée proportionnelle au cube de la vitesse :

$$c = 0{,}000\ 004\ 62\ \frac{a^2}{p}.$$

k un coefficient numérique proportionnel à c :

$$10^{10}\ k = 34650\ \frac{a^2}{p}.$$
$$k = 0{,}75\ c.$$

---

[1] Voir l'*Aide-mémoire d'artillerie navale*, 3e livraison de 1873, et le *Mémorial de l'artillerie de la marine*, 1re et 2e livraisons de 1873.

K un coefficient numérique, dépendant du coefficient c et de la vitesse initiale :

$$K = \frac{k}{V} = \frac{0,75\,c}{V}.$$

h un coefficient numérique, dépendant de l'inclinaison finale β des rayures :

$$h = 0,25\,\frac{a^3}{p}\,\tang^{\frac{2}{3}}\beta.$$

Pour les bouches à feu du système 1858-60, β étant égal à 6°, on a :

$$h = 0,0545\,\frac{a^3}{p}.$$

H la hausse. . . . .)
d la dérive, mesurée horizontalement . . . . } en millimètres.
l la longueur de la ligne de mire naturelle . . .)
θ l'inclinaison du canal de Hausse sur le plan de tir, en degrés. Si la Hausse est droite, $\theta = 0$.

Équation de la trajectoire.

$$y = x\,\tang\alpha - \frac{g\,x^2}{2\cos^2\alpha}\left(\frac{1}{V^2} + K\,x\right).$$

Portée et angle de projection.

$$\frac{\sin 2\alpha}{g\,X} = \frac{1}{V^2} + K\,X,$$

$$X = \frac{1}{2\,K\,V^2}\left\{\sqrt{\left(1 + 2\,K\,V^2\,\frac{2\,V^2\sin 2\alpha}{g}\right)} - 1\right\}.$$

Dérivation.

$$D = h\,V^2\sin^2\alpha.$$

Hausse et dérive.

$$H = \frac{l\,\tang\alpha}{\cos\theta}.$$

$$d = \frac{D}{X}\sqrt{l^2 + H^2} - H\,\tang\theta.$$

Angle de chute.

$$\frac{\tan\omega}{\tan\alpha} = 1 + \frac{K V^2 X}{1 + K V^2 X}.$$

Vitesse restante.

$$v = \frac{\dfrac{\cos\alpha}{\cos\omega} V}{1 + c V x \cos\alpha},$$

ou, pour un angle de projection inférieur à 10° :

$$v = \frac{V}{1 + c V x}.$$

Durée du trajet.

$$T = \frac{X}{\cos\alpha} \sqrt{\frac{3 \sin 2\alpha}{2 g X} - \frac{1}{2 V^2}},$$

ou, pour un angle de projection inférieur à 10° :

$$T = \frac{X}{V \cos\alpha} \left(1 + \frac{c V X}{2} \right).$$

Écarts moyens.

$$e_p^2 = \left[\frac{2 V^2 \cos 2\alpha}{g} \tan \varepsilon_h \right]^2 + \left[\frac{2 V \sin 2\alpha}{g} \delta \right]^2 ;$$

$$e_d = \frac{2 V^2 \sin\alpha}{g} \tan \varepsilon_d.$$

$$e_h = e_p \tan\omega.$$

En multipliant les écarts moyens par o.8453, on obtient les écarts probables.

Probabilité d'atteindre un rectangle donné.

La probabilité d'atteindre un rectangle, mesurée par le nombre de coups sur 100 qui le frapperont, quand le tir sera rectifié (1), est donnée par le tableau suivant.

---

(1) On pointe sur le centre du rectangle. La probabilité d'atteindre le rectangle est égale au produit des probabilités partielles d'atteindre des bandes ayant une dimension infinie et une dimension finie égale soit à la largeur, soit à la hauteur ou à la longueur du rectangle.

LONGUEUR ou HAUTEUR des rectangles.	LARGEUR DES RECTANGLES.					
	$\frac{1}{2} e_d$	e_d	$2 e_d$	$3 e_d$	$4 e_d$	$5 e_d$	$6 e_d$
$\frac{1}{2} e_p$ ou $\frac{1}{2} e_h$	2,5	4,9	9,1	12,1	14,0	15,0	15,5
e	4,9	9,6	17,8	23,8	27,6	29,5	30,5
$2 e$	9,1	17,8	32,9	44,0	51,0	54,6	56,4
$3 e$	12,1	23,8	44,0	58,8	68,2	73,0	75,4
$4 e$	14,0	27,6	51,0	68,2	79,0	84,6	87,4
$5 e$	15,0	29,5	54,6	73,0	84,6	90,6	93,6
$6 e$	15,5	30,5	56,4	75,4	87,4	93,6	96,6

Pénétration dans les milieux résistants.

La pénétration Z est donnée, en mètres, par la formule :

$$ Z = N \frac{p}{a^2} \log (1 + b V^2), $$

N et b étant des coefficients numériques.

Pénétration dans les maçonneries.

$$ b = 0,000\ 015; $$

N varie de 0,81, pour la bonne maçonnerie en pierres de taille, à 0,316, pour la maçonnerie en briques.

Pénétration dans les terres.

$b = 0,000\ 06$ pour les terres végétales rassises;

0,000 08 pour les terres argileuses et les argiles;

0,000 20 pour les terres légères, les terres fraîchement remuées et les sables.

N = 5,6 pour le sable mêlé de gravier;

13,5 pour la terre végétale rassise;

37,5 pour l'argile de potier mouillée.

Pénétration dans les murailles en bois.

$$b = 0,000\ 020.$$

$$N = 0,303 \text{ pour le chêne;}$$
$$0,465 \text{ pour l'orme;}$$
$$0,640 \text{ pour le sapin;}$$
$$0,710 \text{ pour le peuplier.}$$

TABLES DE TIR.

CANON DE 14ᵉ RAYÉ, EN FONTE, FRETTÉ, Nᵒ 1.

Distance des points de mire.............................. 950^{mill}
Poids de l'obus oblong................................. $18^{k},650$
Diamètre de l'obus oblong............................. $1^{déc},366$
Poids de la charge .... $2^{k},000$
Vitesse initiale....................................... 315^{m}
Valeur de 10^{10} K.................................. 10,10
Valeur de h,.. 0,626

INCLI-NAISONS.	PORTÉES.	DÉRI-VATIONS.	ÉCARTS MOYENS		DURÉES de TRAJET.
			EN DIRECTION.	EN PORTÉE.	
degrés.	mètres.	mètres.	mètres.	mètres.	secondes.
1	423	0,3	0,57	26,2	
2	738	1,0	1,0	26,7	
3	1038	2,0	1,5	27,5	
4	1322	3,4	1,9	28,5	
5	1592	5,2	2,4	29,7	5,66
6	1840	7,4	2,8	31,1	
7	2096	10,0	3,3	32,6	
8	2332	12,9	3,7	34,3	
9	2559	16,2	4,2	36,0	
10	2777	19,8	4,6	37,9	10,77
11	2986	23,8	5,1	39,8	
12	3187	28,2	5,5	41,8	
13	3380	32,9	6,0	43,8	
14	3565	37,9	6,4	45,7	
15	3743	43,3	6,8	47,7	15,67
16	3914	49,0	7,3	49,7	
17	4078	55,0	7,7	51,7	
18	4237	61,4	8,1	53,6	
19	4387	68,0	8,6	55,5	
20	4532	75,0	9,0	57,4	20,4

La justesse de tir du canon de 14ᵉ est analogue à celle du canon de 12 rayé de siège. D'après les expériences du camp de Châlons, les écarts moyens du canon de 12 rayé de siège sont les suivants :

Portées.	Écarts moyens en direction.	Écarts moyens en portée.
1000^{m}	$0^{m},97$	$20^{m},6$
2000	2 ,26	32 ,1
3000	3 ,99	46 ,7

INCLI-NAISONS.	PORTÉES.	DÉRI-VATIONS.	ÉCARTS MOYENS		DURÉES de TRAJET.
			EN DIRECTION.	EN PORTÉE.	
degrés.	mètres.	mètres.	mètres.	mètres.	secondes.
21	4670	82,2	9,4	59,2	
22	4802	89,8	9,8	61,0	
23	4928	97,5	10,3	62,8	
24	5047	105,6	10,7	64,5	
25	5161	113,9	11,1	66,1	24,9
26	5269	122,5	11,5	67,7	
27	5372	131,2	11,9	69,2	
28	5468	140,2	12,3	70,7	
29	5559	149,4	12,7	72,1	
30	5643	158,9	13,1	73,3	29,3
31	5722	168,5	13,5	74,6	
32	5796	178,2	13,9	75,7	
33	5864	188,2	14,3	76,8	
34	5926	198,3	14,6	77,8	
35	5983	208,5	15,0	78,7	33,4
36	6033	218,0	15,4	79,5	
37	6080	229,4	15,7	80,3	

DISTANCES.	HAUSSES.	DÉRIVES.	DISTANCES.	HAUSSES.	DÉRIVES.
mètres.	millim.	millim.	mètres.	millim.	millim.
100	0,6	0,15	1600	83,6	3,2
200	5,4	0,30	1700	90,0	3,4
300	10,4	0,47	1800	96,5	3,7
400	15,4	0,68	1900	103,2	4,0
500	20,5	0,80	2000	110,0	4,3
600	25,8	0,98			
700	31,1	1,2	2100	116,9	4,6
800	36,4	1,4	2200	123,9	4,9
900	42,0	1,6	2300	131,1	5,2
1000	47,6	1,8	2400	138,5	5,5
			2500	145,9	5,9
1100	53,3	2,0	2600	153,6	6,2
1200	59,2	2,2	2700	161,4	6,6
1300	65,1	2,4	2800	169,4	7,0
1400	71,2	2,7	2900	177,5	7,4
1500	77,3	2,9	3000	185,9	7,8

DISTANCES.	HAUSSES.	DÉRIVES.	DISTANCES.	HAUSSES.	DÉRIVES.
mètres.	millim.	millim.	mètres.	millim.	millim.
3100	194,4	8,2	4600	351,1	17,3
3200	203,1	8,6	4700	369,0	18,2
3300	212,0	9,1	4800	383,6	19,1
3400	221,2	9,6	4900	398,9	20,1
3500	230,6	10,1	5000	415,0	21,2
3600	240,3	10,6			
3700	250,2	11,1	5100	432.0	22,4
3800	260,4	11,7	5200	450,1	23,6
3900	270,7	12,3	5300	469,3	25,0
4000	281,7	12,9	5400	490,1	26,5
			5500	512,5	28,1
4100	292,9	13,5	5600	537.1	30,0
4200	304,4	14,2	5700	564,2	32,1
4300	316,4	14,9	5800	594,9	34,6
4400	328,7	15,7	5900	630,4	37,5
4500	341,6	16,5	6000	673.2	41,1

CANON DE 14ᶜ RAYÉ, EN FONTE, FRETTÉ, Nº 2.

Distance des points de mire.............................. 8_{25}^{mill}
Poids de l'obus oblong .... $18^k,6_{50}$
Diamètre de l'obus oblong.............................. $1^{dec},366$
Poids de la charge..................................... $2^k,000$
Vitesse initiale...................................... 3_{15}^m
Valeur de 10^{10} K................................... $10,10$
Valeur de h... $0,6_{26}$

INCLI-NAISONS.	PORTÉES.	DÉRI-VATIONS.	ÉCARTS MOYENS		DURÉES de TRAJET.
			EN DIRECTION.	EN PORTÉE.	
degrés.	mètres.	mètres.	mètres.	mètres.	secondes.
1	423	0,3	0,57	26,2	
2	738	1,0	1,0	26,7	
3	1038	2,0	1,5	27,5	
4	1322	3,4	1,9	28,5	
5	1592	5,2	2,4	29,7	5,66
6	1849	7,4	2,8	31,1	
7	2096	10,0	3,3	32,6	
8	2332	12,9	3,7	34,3	
9	2559	16,2	4,2	36,0	
10	2777	19,8	4,6	37,9	10,77
11	2986	23,8	5,1	39,8	
12	3187	28,2	5,5	41,8	
13	3380	32,9	6,0	43,8	
14	3565	37,9	6,4	45,7	
15	3743	43,3	6,8	47,7	15,67
16	3914	49,0	7,3	49,7	
17	4078	55,0	7,7	51,7	
18	4237	61,4	8,1	53,6	
19	4387	68,0	8,6	55,5	
20	4532	75,0	9,0	57,4	20,4
21	4670	82,2	9,4	59,2	
22	4802	89,8	9,8	61,0	
23	4928	97,5	10,3	62,8	
24	5047	105,6	10,7	64,5	
25	5161	113,9	11,1	66,1	24,9
26	5269	122,5	11,5	67,7	
27	5372	131,2	11,9	69,2	
28	5468	140,2	12,3	70,7	
29	5559	149,4	12,7	72,1	
30	5643	158,9	13,1	73,3	29,3

INCLI- NAISONS.	PORTÉES.	DÉRI- VATIONS.	ÉCARTS MOYENS		DURÉES de TRAJET.
			EN DIRECTION.	EN PORTÉE.	
degrés.	mètres.	mètres.	mètres.	mètres.	secondes.
31	5722	168,5	13,5	74,6	
32	5796	178,2	13,9	75,7	
33	5864	188,2	14,3	76,8	
34	5926	198,3	14,6	77,8	
35	5983	208,5	15,0	78,7	33,4
36	6033	218,9	15,4	79,5	
37	6086	229,4	15,7	80,5	

DISTANCES.	HAUSSES.	DÉRIVES.	DISTANCES.	HAUSSES.	DÉRIVES.
mètres.	millim.	millim.	mètres.	millim.	millim.
100	0,5	0,1	3100	168,8	7,1
200	4,7	0,3	3200	170,4	7,5
300	9,0	0,4	3300	184,1	7,9
400	13,4	0,6	3400	192,1	8,3
500	17,8	0,7	3500	200,3	8,8
600	22,4	0,9	3600	208,7	9,2
700	27,0	1,0	3700	217,3	9,7
800	31,6	1,2	3800	226,1	10,2
900	36,5	1,4	3900	235,1	10,7
1000	41,3	1,6	4000	244,6	11,2
1100	46,3	1,7	4100	254,4	11,7
1200	51,4	1,9	4200	264,5	12,3
1300	56,5	2,1	4300	274,8	12,9
1400	61,8	2,3	4400	285,4	13,6
1500	67,1	2,5	4500	296,6	14,3
1600	72,6	2,8	4600	308,4	15,0
1700	78,2	3,0	4700	320,4	15,8
1800	83,8	3,2	4800	333,1	16,6
1900	89,6	3,5	4900	346,4	17,5
2000	95,5	3,7	5000	360,4	18,4
2100	101,5	4,0	5100	375,2	19,5
2200	107,6	4,3	5200	390,9	20,5
2300	113,8	4,5	5300	407,5	21,7
2400	120,3	4,8	5400	425,6	23,0
2500	126,7	5,1	5500	445,0	24,4
2600	133,4	5,4	5600	466,4	26,1
2700	140,2	5,7	5700	490,0	27,9
2800	147,1	6,1	5800	516,6	30,1
2900	154,1	6,4	5900	547,4	33,6
3000	161,4	6,8	6000	584,6	35,7

CANONS DE 16ᵉ RAYÉS, EN FONTE, FRETTÉS OU NON FRETTÉS, SE CHARGEANT PAR LA BOUCHE.

TIR À LA CHARGE DE $3^k,000$ (1).

Distance des points de mire............................ 1217^{mill}
Poids de l'obus oblong............................... $31^k,490$
Diamètre de l'obus oblong............................ $1^{dec},623$
Poids de la charge.................................. $3^k,000$
Vitesse initiale.................................... 301^m

INCLI-NAISONS.	PORTÉES.	DÉRI-VATIONS.	INCLI-NAISONS.	PORTÉES.	DÉRI-VATIONS.
degrés.	mètres.	mètres.	degrés.	mètres.	mètres.
1	380	0,30	21	4490	86
2	676	0,98	22	4621	94
3	956	2,06	23	4747	102
4	1225	3,54	24	4867	110
5	1482	5,42	25	4981	119
6	1729	7,69	26	5089	128
7	1968	10,3	27	5191	137
8	2196	13,4	28	5288	146
9	2417	16,8	29	5379	156
10	2628	20,6	30	5464	166
11	2832	24,8	31	5543	176
12	3027	29,4	32	5616	186
13	3217	34,3	33	5684	197
14	3399	39,5	34	5746	207
15	3575	45,3	35	5802	218
16	3743	51,1	36	5852	229
17	3905	57,4	37	5896	240
18	4061	64,1	38	5935	251
19	4210	71,0	39	5968	262
20	4353	78,3	40	5995	273

(1) Lorsque les canons de 16ᵉ modèle 1858-60, se chargeant par la bouche, ne sont pas frettés (canons de 30 rayés de côte), ils se tirent à la charge de $3^k,000$; lorsqu'ils sont frettés, ils ont une résistance suffisante pour tirer soit à la charge de $3^k,000$, soit à celle de $3^k,500$, cette dernière étant plus **fréquemment** employée.

DISTANCES.	HAUSSES.	DÉRIVES.	DISTANCES.	HAUSSES.	DÉRIVES.
mètres.	millim.	millim.	mètres.	millim.	millim.
100	3,0	0,2	3100	267	12,5
200	8,9	0,5	3200	278	13
300	15,6	0,7	3300	291	14
400	22,7	1,0	3400	303	15
500	29,7	1,3	3500	316	15
600	37,0	1,6	3600	329	16
700	44,3	1,9	3700	343	17
800	51,7	2,2	3800	357	18
900	59,5	2,5	3900	371	19
1000	67,3	2,8	4000	386	20
1100	75,2	3,1	4100	401	21
1200	83,0	3,4	4200	417	22
1300	91,2	3,8	4300	434	23
1400	99,3	4,2	4400	451	24
1500	107,9	4,5	4500	469	25
1600	116,5	4,9	4600	488	26
1700	125,4	5,3	4700	507	28
1800	134,0	5,7	4800	528	29
1900	143,3	6,2	4900	549	31
2000	152,3	6,6	5000	572	32
2100	161,6	7,0	5100	597	34
2200	171,4	7,5	5200	623	36
2300	181,2	8,0	5300	652	39
2400	191,1	8,5	5400	683	41
2500	201,1	9,0	5500	717	44
2600	211,7	9,6	5600	756	47
2700	222,6	10,1	5700	800	51
2800	233,6	10,7	5800	853	56
2900	244,6	11,3	5900	921	62
3000	255,3	11,9	6000	1023	72

CANONS DE 16ᵉ RAYÉS, EN FONTE, FRETTÉS, SE CHARGEANT PAR LA BOUCHE.

TIR À LA CHARGE DE 3ᵏ,500.

Distance des points de mire.......................... 1217ᵐⁱˡˡ
Angle de relèvement.................................. 13′
Poids de l'obus oblong............................... 31ᵏ,490
Diamètre de l'obus oblong............................ 1ᵈᵉᶜ,623
Poids de la charge................................... 3ᵏ,500
Vitesse initiale..................................... 323ᵐ
Valeur de 10¹⁰ K 8,95
Valeur de h.. 0,325

INCLI-NAISONS.	PORTÉES.	DÉRI-VATIONS.	ÉCARTS MOYENS		DURÉES de TRAJET.
			en DIRECTION.	en PORTÉE.	
degrés.	mètres.	mètres.	mètres.	mètres.	secondes.
1	434	0,3	0,50	23,9	
2	768	1,1	0,01	24,7	
3	1084	2,3	1,31	25,6	
4	1383	3,9	1,72	26,7	
5	1669	6,0	2,13	27,9	5,8
6	1942	8,5	2,53	29,3	
7	2203	11,4	2,94	30,8	
8	2453	14,7	3,35	32,4	
9	2693	18,5	3,75	34,0	
10	2924	22,7	4,15	35,8	11,0
11	3145	27,3	4,55	37,7	
12	3358	32,3	4,95	39,6	
13	3563	37,7	5,35	41,6	
14	3759	43,4	5,75	43,6	
15	3948	49,6	6,14	45,7	15,9
16	4129	56,2	6,54	47,9	
17	4304	63,1	6,93	50,2	
18	4470	70,4	7,32	52,4	
19	4631	78,0	7,71	54,8	
20	4784	86,0	8,09	57,2	20,5

La justesse de tir du canon de 16ᶜ est comparable à celle du canon de 24 rayé de place. Les expériences du camp de Châlons ont donné pour ce dernier :

Portées.	Écarts moyens en direction.	Écarts moyens en portée.
1000ᵐ.	0ᵐ,89.	15,1.
2000.	2 ,15.	20,5.
3000.	4 ,22.	26,9.
4000.	7 ,80.	34,4.

| INCLI-NAISONS. | PORTÉES. | DÉRI-VATIONS. | ÉCARTS MOYENS | | DURÉES de TRAJET. |
			en DIRECTION.	en PORTÉE.	
degrés.	mètres.	mètres.	mètres.	mètres.	secondes.
21	4931	94,3	8,47	59,6	
22	5071	103,0	8,85	62,0	
23	5205	111,9	9,22	64,5	
24	5332	121,2	9,66	67,0	
25	5453	130,7	9,97	69,6	25,0
26	5567	140,6	10,34	72,2	
27	5676	150,7	10,70	74,8	
28	5779	161,0	11,06	77,4	
29	5874	171,6	11,42	80,1	
30	5965	182,4	11,78	82,7	29,3
31	6049	193,5	12,13	85,4	
32	6127	204,7	12,47	88,1	
33	6199	216,1	12,82	90,8	
34	6265	227,7	13,16	93,5	
35	6326	239,5	13,49	96,2	33,4
36	6380	251,4	13,83	98,9	
37	6429	263,5	14,14	101,5	
38	6471	275,6	14,48	104,2	
39	6508	287,9	14,79	106,9	
40	6539	300,3	15,11	109,6	37,3

DISTANCES.	HAUSSES.	DÉRIVES.	DISTANCES.	HAUSSES.	DÉRIVES.
mètres.	millim.	millim.	mètres.	millim.	millim.
100	1,2	0,2	1400	86,3	3,5
200	7,1	0,3	1500	93,7	3,8
300	13,0	0,5	1600	101,2	4,1
400	19,2	0,7	1700	108,9	4,4
500	25,4	1,0	1800	116,7	4,7
600	31,7	1,2	1900	124,6	5,0
700	38,1	1,5	2000	132,6	5,4
800	44,6	1,7	2100	140,9	5,7
900	51,3	2,0	2200	149,2	6,1
1000	58,0	2,3	2300	157,6	6,5
1100	64,9	2,6	2400	166,4	7,0
1200	71,9	2,9	2500	175,2	7,5
1300	79,1	3,2	2600	184,2	8,0

DISTANCES.	HAUSSES.	DÉRIVES.	DISTANCES.	HAUSSES.	DÉRIVES.
mètres.	millim.	millim.	mètres.	millim.	millim.
2700	193,4	8,5	4700	420,7	22,4
2800	202,7	9,0	4800	445,8	23,5
2900	212,3	9,5	4900	462,0	24,6
3000	222,1	10,0	5000	479,0	25,8
3100	232,0	10,5	5100	497,0	27,0
3200	242,2	11,0	5200	515,7	28,4
3300	252,6	11,6	5300	535,3	29,8
3400	263,2	12,2	5400	550,0	31,3
3500	274,0	12,8	5500	578,0	33,0
3600	285,1	13,4	5600	601,3	34,8
3700	296,5	14,1	5700	626,2	36,7
3800	308,3	14,8	5800	653,0	38,9
3900	320,2	15,5	5900	682,2	41,3
4000	332,5	16,2	6000	714,2	44,0
4100	345,2	17,0	6100	750,0	47,0
4200	358,2	17,8	6200	790,6	50,6
4300	371,6	18,6	6300	838,2	55,0
4400	385,3	19,5	6400	896,8	60,5
4500	399,7	20,4	6500	977,1	68,4
4600	414,4	21,4			

CANON DE 16ᵉ RAYÉ, EN FONTE, FRETTÉ, SE CHARGEANT PAR LA CULASSE.

Distance des points de mire . . . . 1217^{mill}
Angle de relèvement . . . . 12′
Poids de l'obus oblong . . . . 31^{k},490
Diamètre de l'obus oblong . . . . 1^{dec},623
Poids de la charge . . . . 3^{k},500
Vitesse initiale . . . . 317^{m}
Valeur de 10^{10} K 8,564
Écart moyen des vitesses . . . . 2^{m},77

INCLI-NAISONS.	PORTÉES.	DÉRI-VATIONS.	ÉCARTS MOYENS		DURÉES DU TRAJET.
			EN DIRECTION.	EN PORTÉE.	
degrés.	mètres.	mètres.	mètres.	mètres.	secondes.
1	427	0,3	0,15	23,5	
2	754	1,1	0,89	24,2	
3	1066	2,2	1,29	25,1	
4	1361	3,9	1,69	26,2	
5	1643	5,9	2,09	27,4	5,6
6	1912	8,3	2,49	28,9	
7	2170	11,2	2,89	30,3	
8	2417	14,5	3,28	31,8	
9	2655	18,3	3,68	33,4	
10	2882	22,4	4,07	35,2	10,8
11	3101	26,9	4,47	37,0	
12	3312	31,9	4,86	38,8	
13	3515	36,9	5,25	40,8	
14	3709	42,9	5,64	42,8	
15	3896	49,0	6,03	44,9	15,7
16	4076	55,5	6,42	47,0	
17	4247	62,3	6,80	49,2	
18	4414	69,5	7,18	51,5	
19	4572	77,1	7,56	53,8	
20	4725	85,0	7,94	56,1	20,3
21	4870	93,2	8,31	58,5	
22	5008	101,7	8,69	60,9	
23	5142	110,5	9,05	63,3	
24	5267	119,7	9,42	65,8	
25	5387	129,1	9,79	68,3	24,8
26	5501	138,8	10,15	70,9	
27	5608	148,8	10,51	73,4	
28	5710	159,0	10,86	76,0	
29	5805	169,5	11,21	78,6	
30	5895	180,2	11,56	81,2	29,1

INCLI-NAISONS.	PORTÉES.	DÉRI-VATIONS.	ÉCARTS MOYENS		DURÉES DU TRAJET.
			EN DIRECTION.	EN PORTÉE.	
degrés.	mètres.	mètres.	mètres.	mètres.	secondes.
31	5978	191,1	11,90	83,8	
32	6056	202,2	12,25	86,5	
33	6127	213,5	12,58	89,1	
34	6193	224,9	12,92	91,0	
35	6253	236,6	13,25	94,4	33,2
36	6307	248,3	13,57	97,0	
37	6355	260,2	13,89	99,7	
38	6397	272,2	14,21	102,3	
39	6433	284,4	14,52	105,0	
40	6464	296,6	14,83	107,6	37,0

DISTANCES.	HAUSSES.	DÉRIVES.	DISTANCES.	HAUSSES.	DÉRIVES.
mètres.	millim.	millim.	mètres.	millim.	millim.
200	7,5	0,5	3400	274,2	12,8
400	20,0	0,9	3600	297,3	14,0
600	33,0	1,4	3800	321,6	15,5
800	46,5	1,9	4000	347,2	17,1
1000	60.4	2,5			
			4200	374,4	18,8
1200	74,9	3,1	4400	403,2	20,6
1400	89,8	3,7	4600	434,3	22,7
1600	105,2	4,3	4800	467,6	24,9
1800	121,3	5,1	5000	504,1	27,4
2000	138,0	5,9			
			5200	544,0	30,4
2200	155,2	6,7	5400	589,1	33,8
2400	173,0	7,5	5600	630,7	37,9
2600	191,6	8,4	5800	690,6	42,6
2800	210,9	9,4	6000	773,2	48,8
3000	231.0	10,4			
			6200	874,1	58,6
3200	252,2	11,5	6400	1065,3	76,0

OBUSIER DE 22ᵉ RAYÉ, EN FONTE, FRETTÉ.

Distance des points de mire. . . . . 1200^{mm}

Poids de l'obus oblong (ancien). . . . . $82^{k},000$

Diamètre de l'obus oblong. . . . . $2^{dm},209$

Charges variables. de $1^{k},000$ à $6^{k},000$

Valeur de $10^{10} K$. . . . . $\dfrac{2055}{V}$

Valeur de h. . . . . $0,23$

1° TIR À CHARGES VARIABLES ENTRE 25° ET 40°.

CHARGES.	VI-TESSES.	INCLI-NAISONS.	POR-TÉES.	DÉRIVA-TIONS.	DURÉES du trajet.	HAUSSES.	DÉ-RIVES.	ÉCARTS MOYENS en direction.	ÉCARTS MOYENS en portée.	ANGLES de chute.
kil.	mètres.	° '	mètres.	mètres.	secondes	millim.	millim.	mètres.	mètres.	° '
1,000	116,0	25 0	1041	24,13	10,10	560	31	1,92	27,9	26 4
		27 15	1100	28,22		618	35			
		31 32	1200	36,63		736	43			
		37 59	1300	50,41		937	50			
		40 0	1314	54,91	15,14	1007	65	2,91	35,5	41 21
1,250	129,3	25 0	1281	27,88	11,22	560	29	2,4	31,1	26 14
		25 32	1300	28,98		573	30			
		28 42	1400	35,80		657	35			
		32 36	1500	44,86		767	43			
		38 33	1600	59,70		956	59			
		40 0	1614	63,45	16,89	1007	62	3,6	39,6	41 31
1,500	141,2	25 0	1513	31,35	12,22	560	27	2,9	34,0	26 26
		27 14	1600	36,63		618	31			
		30 11	1700	44,04		698	36			
		32 52	1800	53,90		805	43			
		39 46	1900	70,66		999	58			
		40 0	1902	71,34	18,37	1007	59	4,3	43,2	41 57
1,750	152,0	25 0	1744	34,59	13,17	560	26	3,3	36,6	26 39
		26 25	1800	37,50		596	28			
		28 51	1900	44,84		661	32			
		31 43	2000	53,05		742	37			
		35 24	2100	64,17		853	45			
		40 0	2178	78,72	19,70	1007	57	5,0	46,5	42 16

CHARGES.	VI-TESSES.	INCLI-NAISONS.	POR-TÉES.	DÉRIVA-TIONS.	DURÉES du trajet.	HAUSSES.	DÉ-RIVES.	ÉCARTS MOYENS		ANGLES de chute.
								en direction.	en portée.	
kil.	mètres.	° ′	mètres.	mètres.	secondes	millim.	millim.	mètres.	mètres.	° ′
2,000	162,0	25 0	1952	37,65	13,93	560	26	3,7	39,0	26 51
		25 57	2000	40,30		584	27			
		28 5	2100	46,49		640	30			
		30 30	2200	53,88		707	34			
		33 24	2300	63,19		791	40			
		37 22	2400	76,53		916	48			
		40 0	2440	85,67	20,84	1007	55	5,7	49,6	42 34
2,250	171,2	25 0	2158	40,54	14,67	560	25	4,2	41,2	27 3
		25 44	2200	42,74		578	26			
		27 39	2300	48,68		629	29			
		29 47	2400	55,62		687	32			
		32 16	2500	64,07		758	36			
		35 22	2600	75,08		852	43			
		40 0	2696	92,26	22,02	1007	54	6,3	52,4	42 52
2,500	179,9	25 0	2340	43,3	15,2	560	24	4,6	43,3	27 15
		25 42	2400	45,5		577	25			
		27 27	2500	51,3		623	28			
		29 24	2600	58,0		676	31			
		31 36	2700	66,0		738	34			
		34 16	2800	76,0		818	39			
		37 54	2900	90,1		934	47			
		40 0	2938	98,5	23,0	1007	52	7,0	55,1	43 10
3,000	195,7	25 0	2732	48,4	17,0	560	23	5,5	47,1	27 40
		25 58	2800	51,9		585	25			
		27 32	2900	57,7		626	27			
		29 14	3000	64,3		672	29			
		31 9	3100	72,0		725	32			
		33 22	3200	81,2		790	36			
		36 9	3300	93,1		877	42			
		40 0	3391	110,2	24,9	1007	51	8,3	59,9	43 44
3,500	209,8	25 0	3077	53,1	17,7	560	23	6,3	50,5	28 3
		25 18	3100	54,3		567	23			
		26 39	3200	59,7		602	25			
		28 6	3300	65,7		641	27			
		29 41	3400	72,5		684	29			
		31 28	3500	80,3		734	32			
		33 31	3600	89,7		795	36			
		36 2	3700	101,7		873	41			
		39 44	3800	119,6		997	49			
		40 0	3805	120,9	26,5	1007	50	9,5	64,2	44 16

CHARGES.	VITESSES.	INCLINAISONS.	PORTÉES.	DÉRIVATIONS.	DURÉES du trajet.	HAUSSES.	DÉRIVES.	ÉCARTS MOYENS en direction.	ÉCARTS MOYENS en portée.	ANGLES de chute.
kil.	mètres.	° ′	mètres.	mètres.	secondes	millim.	millim.	mètres.	mètres.	° ′
4,000	222,7	25 0	3399	57,5	18,7	560	22	7,1	53,6	28 85
		25 1	3400	57,6		560	22			
		26 14	3500	62,8		591	24			
		27 32	3600	68,6		626	26			
		28 57	3700	75,0		664	28			
		30 29	3800	82,3		707	30			
		32 13	3900	90,7		756	33			
		34 14	4000	100,8		817	36			
		36 45	4100	113,8		896	41			
		40 0	4188	130,9	27,9	1007	49	10,7	68,2	44 46
5,000	242,4	25 0	3896	64,4	20,1	560	22	8,4	58,4	29 1
		25 2	3900	64,6		561	22			
		26 8	4000	69,8		589	23			
		27 17	4100	75,5		619	25			
		28 31	4200	81,6		652	26			
		29 52	4300	88,3		689	29			
		31 20	4400	96,7		731	31			
		32 59	4500	105,8		779	34			
		34 55	4600	116,8		838	37			
		37 21	4700	130,9		916	42			
		40 0	4775	146,6	30,0	1007	48	12,7	74,2	45 31
6,000	257,3	25 0	4274	69,8	21,2	560	21	9,5	62,0	29 28
		25 15	4300	71,0		566	22			
		26 16	4400	76,3		592	23			
		27 21	4500	82,1		621	25			
		28 30	4600	88,5		651	26			
		29 44	4700	95,5		685	28			
		31 6	4800	103,3		724	30			
		32 36	4900	112,2		767	33			
		34 19	5000	122,7		819	36			
		36 24	5100	135,7		885	40			
		39 15	5200	153,9		980	46			
		40 0	5219	158,8	32,1	1007	48	14,3	78,8	46 6

TABLE DE TIR GRAVÉE SUR LA HAUSSE N° 3.

C	P	H	D	C	P	H	D
CHARGES.	PORTÉES.	HAUSSES.	DÉRIVES.	CHARGES.	PORTÉES.	HAUSSES.	DÉRIVES.
kil.	mètres.	millim.	millim.	kil.	mètres.	millim.	millim.
1,00	1200	736	43	3,00	3200	790	37
	1300	937	59		3300	877	42
	1314	1007	65		3391	1007	51
1,25	1400	657	35	3,50	3400	684	29
	1500	767	43		3500	734	32
	1600	956	59		3600	795	36
	1614	1007	62		3700	873	41
1,50	1700	698	36		3800	997	49
	1800	805	43		3805	1007	50
	1900	909	58	4,00	3900	756	33
	1902	1007	59		4000	817	36
1,75	2000	712	37		4100	896	41
	2100	853	45		4188	1007	49
	2178	1007	57	5,00	4200	652	26
2,00	2200	707	34		4300	689	29
	2300	791	40		4400	731	31
	2400	916	48		4500	779	34
	2440	1007	55		4600	838	37
2,25	2500	758	36		4700	916	42
	2600	852	43		4775	1007	48
	2696	1007	54	6,00	4800	724	30
2,50	2700	738	34		4900	767	33
	2800	818	39		5000	819	36
	2900	934	47		5100	885	40
	2937	1007	52		5200	980	46
3,00	3000	672	30		5219	1007	48
	3100	725	33				

2° TIR À LA CHARGE FIXE DE $5^k,000$.

PORTÉES.	INCLI-NAISONS.	DÉRI-VATIONS.	DURÉES.	HAUSSES.	ANGLES de chute.	DÉRIVES.	ÉCARTS MOYENS	
							en direction.	en portée.
mètres.	° ′	mètres.	secondes.	millim.	° ′	millim.	mètres.	mètres.
100	0 1	0,00		0		0,0		
200	0 28	0,01		10		0,6		
300	0 57	0,22		20		0,9		
400	1 27	0,51		30		1,2		
500	1 57	0,64	2,1	40	2 30	1,5	0,8	
600	2 28	0,93		51		1,9		

PORTÉES.	INCLINAISONS.	DÉRIVATIONS,	DURÉES.	HAUSSES.	ANGLES de chute.	DÉRIVES.	ÉCARTS MOYENS en direction.	ÉCARTS MOYENS en portée.
mètres.	° ′	mètres.	secondes.	millim.	° ′	millim.	mètres.	mètres.
700	2 58	1,27		62		2,2		
800	3 29	1,68		73		2,5		
900	4 1	2,16		84		2,9		
1000	4 33	2,69	4,3	95	5 17	3,2	1,7	
1100	5 5	3,29		106		3,6		
1200	5 38	3,97		118		4,0		
1300	6 11	4,71		130		4,4		
1400	6 44	5,51		142		4,8		
1500	7 18	6,40	6,6	154	8 22	5,2	2,7	
1600	7 53	7,39		166		5,6		
1700	8 28	8,45		178		6,0		
1800	9 3	9,58		191		6,5		
1900	9 39	10,8		204		6,9		
2000	10 16	12,1	9,0	217	11 48	7,4	3,6	
2100	10 54	13,6		231		7,9		
2200	11 32	15,1		245		8,4		
2300	12 10	16,7		259		8,9		
2400	12 50	18,5		273		9,5		
2500	13 30	20,4	11,0	288	15 29	10,0	4,7	
2600	14 11	22,3		303		10,6		
2700	14 53	24,5		319		11,3		
2800	15 36	26,7		335		11,9		
2900	16 20	29,2		352		12,6		
3000	17 5	31,7	14,3	360	19 43	13,3	5,9	
3100	17 51	34,5		387		14,0		
3200	18 39	37,4		405		14,8		
3300	19 28	40,5		424		15,6		
3400	20 10	43,9		444		16,5		
3500	21 11	47,4	17,3	465	24 33	17,4	7,2	
3600	22 5	51,3		487		18,4		
3700	23 2	55,4		510		19,5		
3800	24 1	59,7		535		20,7		
3900	25 3	64,6		561		22,0		
4000	26 8	69,8	20,9	589	30 25	23,3	8,8	60,2
4100	27 17	75,5		619		24,9		
4200	28 31	81,8		652		26,6		
4300	29 52	88,8		689		28,6		
4400	31 20	96,7		731		30,1		
4500	32 59	105,8	25,6	770	38 4	33,3	10,8	60,4
4600	34 55	116,8		838		37,1		
4700	37 21	130,9		916		42,0		
4775	40 0	146,6	30,0	1007	45 32	47,8	12,7	74,2

DEUXIÈME PARTIE.

ARTILLERIE MODÈLE 1864.

L'artillerie employée à bord de la flotte avant 1864 ne donnait que des effets de pénétration très-limités; elle se trouva complétement impuissante contre les plaques de blindage dont on se servit pour protéger les navires.

Par suite de l'extension et des progrès de la marine cuirassée, il devenait nécessaire de créer un matériel plus résistant et plus puissant, qui permît de lancer des projectiles animés de forces vives considérables; en outre, il était essentiel, au point de vue pratique, que la construction de ce matériel nouveau fût rapide, économique, et n'empruntât que les ressources de l'industrie nationale.

Après de nombreuses recherches, on crut devoir s'arrêter au système connu sous le nom d'*Artillerie modèle 1864*, dont les caractères généraux sont les suivants :

Emploi de la fonte frettée.

Frettage allongé et dépassant les tourillons, ces derniers étant portés par l'une des frettes.

Bouches à feu rayées; rayures paraboliques.

Chargement par la culasse; fermeture à vis.

Emploi de forts calibres.

Emploi de la poudre à canon ordinaire ; gargousses allongées, et valets interposés entre la charge et le projectile.

Emploi de boulets de rupture cylindriques ou ogivaux, pesant trois fois le poids du boulet rond du même diamètre, et d'obus oblongs. pesant deux fois seulement le poids du boulet rond.

Le système 1864 comprend 5 calibres différents :

1° *Canon de 14ᵉ rayé, modèle 1864.*

2° *Canon de 16ᵉ rayé, modèle 1864.*

3° *Canon de 19ᵉ rayé, modèle 1864.*

4° *Canon de 24ᵉ rayé, modèle 1864.*

5° *Canon de 27ᵉ rayé, modèle 1864.*

On dit quelquefois que le canon de 14ᵉ est du *modèle 1864-1867* et que les canons de 16ᵉ, 19ᵉ, 24ᵉ et 27ᵉ sont du *modèle 1864-1866*.

I.

BOUCHES À FEU[1].

DISPOSITIONS GÉNÉRALES.

Toutes les bouches à feu du système 1864 sont rayées, en fonte, frettées, et se chargeant par la culasse.

Dans chacune d'elles, on distingue le *canon proprement dit*, dont le *corps* est en fonte et le *frettage* en acier; la *fermeture de culasse*; enfin, les *accessoires* et les *inscriptions*.

CANON PROPREMENT DIT.

L'appareil de fermeture de culasse étant enlevé, le canon présente à l'intérieur, de la bouche à la culasse, quatre parties principales, raccordées entre elles par des surfaces tronconiques :

1° L'*âme*, cylindrique dans toute sa longueur, sur laquelle sont tracées les *rayures* et les *rainures d'arrêt;*

2° La *chambre à poudre*, cylindrique, dans laquelle est creusée la *rigole;*

3° Les deux *logements d'obturateur*, qui ont une forme légèrement tronconique (la grande base à l'arrière); ils se terminent par des ressauts; les arêtes sont abattues en chanfrein;

4° Le *logement de la vis de culasse*, qui a la forme d'un écrou divisé en 6 secteurs égaux, 3 pleins et 3 vides alternés; à la partie inférieure est un secteur vide.

Les *rayures* sont équidistantes, au nombre de trois pour les calibres de 14ᶜ et de 16ᶜ, et de cinq pour les calibres supérieurs; vues de l'arrière, elles tournent de droite à gauche dans la partie supérieure de l'âme. Le développement de leur directrice est une para-

---

[1] Voir : 1° l'*Aide-mémoire d'artillerie navale*, 1ʳᵉ livraison de 1873; 2° le *Manuel du matelot-canonnier*, édition de 1873.

bole du 2ᵉ degré, qui commence tangentiellement à la génératrice de l'âme; l'inclinaison à la tranche de la bouche est de 6 degrés; le pas final évalué en calibres est de 29,89.

La rayure dont l'origine est sur la génératrice inférieure de l'âme porte le n° 1; les rayures nᵒˢ 2, 3, etc., se présentent successivement lorsqu'on suit le sens de la rotation. La rayure n° 1 est prolongée vers l'arrière jusqu'au logement d'obturateur par la *rigole,* qui sert à guider un des tenons du projectile dans le chargement.

Les rayures ont un profil constant à partir de la bouche sur la plus grande partie de leur longueur; ensuite leur profondeur augmente. Elles se terminent, à l'extrémité de la chambre à poudre, par un évasement qui facilite l'introduction des tenons.

Pour les canons de 14ᶜ et 16ᶜ, le profil est une anse de panier. Pour les calibres supérieurs, il se compose de trois parties: le *fond* est un arc de cercle concentrique à l'âme; la *paroi-talon* et la *paroi forçante* sont des lignes droites dont le prolongement va passer respectivement par le milieu de la deuxième rayure du même côté; les angles saillants ou rentrants sont abattus en arc de cercle.

Les *rainures d'arrêt,* tracées dans l'âme à sa partie postérieure, reçoivent les boutons d'arrêt du projectile; elles servent à fixer la position de l'obus dans le chargement.

Le *corps du canon* (en fonte) comprend extérieurement la *volée* et le *renfort.*

La *volée* est tronconique; le bourrelet en tulipe n'existe que dans les canons de 14ᶜ et 16ᶜ.

Le *renfort* comprend l'emplacement cylindrique du frettage et l'épaulement qui sert d'appui à la première frette.

Les *frettes* (en acier puddlé) ont une forme annulaire; elles sont disposées sur un seul rang pour les canons de 14ᶜ et 16ᶜ, et sur deux rangs superposés pour les calibres supérieurs; l'une d'elles (la 2ᵉ ou la 3ᵉ à partir de la volée) porte les tourillons et s'appelle *frette-tourillons.*

La surface extérieure du frettage est cylindrique; la première frette de chacun des rangs est taillée en biseau.

Le *canal de lumière* est perpendiculaire à l'axe de la bouche à feu ; il débouche dans la chambre à poudre à une certaine distance de l'origine. Le *grain de lumière*, dans lequel il est percé, traverse le frettage et le corps du canon ; il est formé de deux parties : le *grain proprement dit*, qui aboutit à l'intérieur, et le *tube*, qui aboutit à l'extérieur.

Le *grain proprement dit* est une pièce en cuivre de forme tronconique, dans laquelle est enchâssée une *bague* en acier ; cette bague a pour but d'empêcher le refoulement du cuivre pendant le tir ; la base supérieure du grain est surmontée d'un petit cylindre, qui s'emboîte dans le tube.

Le *tube* (en acier) est vissé dans le corps du canon ; il s'appuie à sa partie inférieure sur la tranche de la bague.

Le canon porte des appareils de sûreté, des inscriptions, des accessoires de pointage et autres, dont on parlera plus loin.

Les bouches à feu modèle 1864 sont réformées après le tir de 500 coups, qu'elles présentent ou non des dégradations apparentes ; cette prescription a pour but d'éviter toutes chances d'éclatement.

FERMETURE DE CULASSE (1).

Les bouches à feu modèle 1864 ont toutes un appareil de fermeture à *vis* du système Treüille de Beaulieu.

Cet appareil est à *coulisse* pour les pièces qui ont été fabriquées de 1864 à 1866 ; à *charnière* pour celles qui ont été faites postérieurement.

Les deux systèmes ne diffèrent que par le mécanisme au moyen duquel on déplace la vis, dégagée de la culasse, et sa console, pour laisser libre l'entrée de la chambre.

Dans la fermeture à coulisse, le déplacement se fait par un glissement sur une coulisse horizontale et rectiligne.

Ce mécanisme ayant présenté certaines difficultés de manœuvre, on lui substitua la fermeture à charnière, dans laquelle le mouvement de glissement est remplacé par une rotation autour d'un axe

---

(1) Voir l'*Aide-mémoire d'artillerie navale*, 2ᵉ livraison de 1873.

vertical; on va donner une description de ce dernier système, le seul appliqué depuis 1866.

Fermeture à charnière.

L'appareil de *fermeture à charnière* comprend trois parties principales : la *culasse mobile*, qui constitue l'appareil de fermeture proprement dit; la *console*, qui est destinée à soutenir la vis de culasse hors de son écrou; la *charnière*, autour de laquelle tourne la console avec la culasse mobile pour démasquer l'âme. Il comprend en outre quelques accessoires, tels que la *planchette de chargement*, qui facilite l'introduction du projectile, etc.

1° Culasse mobile. — La *culasse mobile* se compose essentiellement d'une *vis de culasse*, qui, engagée dans son écrou, doit résister à la pression des gaz de la poudre; d'un *obturateur*, destiné à empêcher tout échappement de gaz à l'arrière; enfin de diverses pièces servant à l'installation de l'obturateur et à la manœuvre de la vis: *rondelle mobile d'obturateur, boulon d'obturateur, manivelle*, etc.

La *vis de culasse* (en acier) a, comme son écrou, 3 secteurs filetés et 3 secteurs vides, tous égaux à 60°; les filets, dont le nombre varie de 10 à 14, ont pour profil un triangle isocèle à angles arrondis. A l'arrière et intérieurement, elle est évidée; à l'avant et suivant l'axe, elle présente un logement pour la partie postérieure de la rondelle mobile d'obturateur; sur le côté et suivant un rayon vertical, se trouve un trou cylindrique taraudé qui reçoit le *goujon à vis* destiné à maintenir la rondelle mobile.

La *manivelle* (en fer) est fixée à l'arrière de la vis: la partie inférieure, qui correspond à l'évidement de la vis, s'appelle *poignée centrale*; la partie supérieure porte la *poignée de manivelle*.

Un *buttoir de manivelle*, vissé dans la dernière frette, arrête la manivelle dans son mouvement de droite à gauche quand elle arrive à la position verticale.

L'*obturateur* (en acier de cuirasse) est un *disque* annulaire, muni d'un rebord tronconique ou *couronne*; sur le contour de l'ouverture centrale est pratiquée une *feuillure*, où s'applique la tête du *boulon d'obturateur*; cette feuillure présente deux échancrures inégales, dans lesquelles on engage les *deux goujons d'obturateur*.

La *rondelle mobile d'obturateur* (d'une seule pièce en acier) est interposée entre l'obturateur et la vis de culasse; elle est formée de 3 parties cylindriques de diamètres différents.

La partie antérieure a sa face d'arrière en contact avec la tranche de la vis de culasse; à l'avant, elle présente une surface annulaire sur laquelle s'appuie l'obturateur, un *listel* qui pénètre dans l'ouverture centrale, un évidement cylindrique taraudé formant écrou pour le boulon d'obturateur (en acier); enfin, elle porte les deux goujons d'obturateur, de dimensions inégales en rapport avec celles des échancrures de la feuillure.

La partie cylindrique du milieu forme un épaulement qui se loge dans la vis de culasse.

La partie postérieure est la *queue* de la rondelle; elle traverse la vis de culasse; le goujon à vis la maintient extérieurement en prenant appui sur une *gorge* circulaire : grâce à cette disposition, la rondelle est réunie à la vis de culasse, tout en pouvant recevoir un mouvement de rotation indépendant autour de son axe.

Lorsque l'obturateur est en place, le disque est appuyé sur la face annulaire de la rondelle mobile, le listel pénétrant dans l'ouverture centrale, et les goujons d'obturateur étant engagés dans les échancrures; de plus, la feuillure est serrée par la tête du boulon d'obturateur, fortement vissé dans la rondelle mobile. Un trou carré et des encoches, qu'on a creusés à moitié sur la vis de culasse, à moitié sur la rondelle, servent de repères; au moyen d'un goujon introduit momentanément dans ce trou carré, on rend solidaires la vis de culasse et la rondelle pendant l'opération du centrage de l'obturateur et du vissage à fond de son boulon.

Pour chaque bouche à feu, il y a un modèle d'obturateur et un modèle de rondelle mobile, correspondant à chacun des logements ménagés à l'entrée de la chambre à poudre.

2° CONSOLE. — La *console* est une pièce en bronze formant, à sa partie supérieure, une *glissière*, dont les deux *griffes* embrassent et guident le secteur inférieur de la vis de culasse.

La console se prolonge à droite par un *bras*, à l'extrémité duquel est l'*œil de charnière*.

Son *pied* est traversé par un boulon horizontal (en acier) qui forme l'axe du *loquet de console*.

Le *loquet* (en acier) est un levier recourbé à ses deux extrémités : quand la vis se trouve hors de la pièce, l'extrémité du loquet se loge dans une entaille pratiquée sur le contour de la vis de culasse et empêche celle-ci de s'échapper ; lorsque la culasse est fermée, le bec du loquet s'engage dans le *trou du support de planchette* et maintient la console appliquée contre la tranche de l'arrière de la bouche à feu. Un ressort à double lame presse sur l'un des bras du loquet, qu'on peut manœuvrer avec la main à l'aide d'un anneau (en fer ou en corde) fixé à l'autre bras.

La *planchette de chargement* est une pièce en fer, indépendante de l'appareil de fermeture, qui est destinée à faciliter l'introduction du projectile dans l'âme ; elle porte un pied en fer qu'on engage dans le trou du support de planchette lorsque la culasse est ouverte. Deux tringles longitudinales fixées sur le corps de la planchette forment une rainure, qui fait suite à la rayure n° 1, et guide jusque dans l'âme un des tenons de l'obus.

3° CHARNIÈRE. — La *charnière* se compose d'une *plaque à oreilles* (en fer), fixée à la tranche de culasse par des goujons filetés, et d'un *boulon de charnière*, qui traverse les deux oreilles et l'œil de la console.

Fermeture à coulisse.

Dans la fermeture à coulisse, la vis de culasse est identique à celle du système précédent.

Une *coulisse* horizontale est fixée à la tranche de la culasse ; c'est une pièce en fer, rectiligne, à section en forme de *T*.

La *console*, dont la partie inférieure embrasse les branches du *T*, se déplace latéralement en glissant sur la coulisse ; deux buttoirs l'arrêtent, soit à la position de chargement, soit en face de l'âme de la pièce.

Avec ce mécanisme, il se produit des coincements qu'on ne peut éviter, même par un ajustage extrêmement soigné; de plus, les crasses provenant du nettoyage de la pièce se logent et restent dans la rainure de la coulisse : il en résulte des difficultés de manœuvre telles qu'on a dû renoncer à ce système et adopter celui de la charnière verticale.

ACCESSOIRES ET INSCRIPTIONS.

Linguet. — Le *linguet* est destiné à empêcher l'ouverture accidentelle de la culasse. Il est logé dans une entaille de la frette d'arrière, et présente une partie saillante, qu'il faut soulever avec le doigt pour donner passage à la manivelle dans le mouvement d'ouverture; quand on ferme la culasse, le linguet se soulève automatiquement, puis retombe par son propre poids.

Appareil de sûreté. — Cet appareil est employé à bord des bâtiments de guerre pour empêcher de mettre le feu avant la fermeture complète de la culasse. Il se compose de *l'appareil de sûreté proprement dit*, du *tire-feu à olives* et de la *sus-bande de tire-feu*.

Une ouverture ménagée dans l'appareil proprement dit est en partie obstruée par un *arrêtoir à ressort;* elle ne devient tout à fait libre que quand la manivelle est à la position de fermeture.

Le cordon tire-feu est engagé en permanence dans cette ouverture; les *olives* dont il est muni ne peuvent passer à travers cette dernière que si elle est complétement dégagée.

La sus-bande est placée sur le renfort; elle a pour but d'infléchir le cordon venant de la lumière et de le diriger vers l'appareil de sûreté.

Les dimensions des différentes parties du cordon sont réglées de manière que les olives doivent, d'abord, se trouver en avant de l'appareil de sûreté pour qu'on puisse amorcer, puis être ramenées en arrière à travers l'ouverture pour qu'on puisse mettre le feu.

Pointage. — Un *cran de mire*, tracé sur la culasse, et le sommet d'un *fronteau de mire*, fixé sur l'une des frettes de l'avant, déterminent une ligne de mire médiane.

Pour le pointage latéral, la pièce porte sur le côté droit ou le côté gauche de la culasse des *boîtes de Hausse*, dans lesquelles on engage les Hausses; les *fronteaux de mire* correspondants sont placés un peu en avant des tourillons.

Un trait gravé sur la surface extérieure du canon indique la trace du plan vertical de symétrie.

INSCRIPTIONS. — Sur la tranche de culasse est buriné le *signalement* : il comprend le nom de la fonderie d'où provient la bouche à feu, celui de l'établissement où elle a été terminée, la date de la fabrication, le numéro et le poids de la pièce.

Les numéros de rayures sont burinés sur la tranche de la bouche.

L'obturateur porte diverses inscriptions, parmi lesquelles on remarque le calibre, le numéro de l'obturateur, celui de la pièce auquel il est destiné, etc.

Sur les différentes parties du mécanisme de culasse, on trouve aussi plusieurs indications : entre autres, le calibre et le numéro de la bouche à feu.

DISPOSITIONS PARTICULIÈRES À CHAQUE CALIBRE (1).

CANON DE 14ᶜ. — Les trois rayures ont à l'origine un élargissement peu profond en forme de feuillure, qui sert à donner de l'entrée aux plaques d'appui des projectiles. Les trois rainures d'arrêt sont creusées au milieu des cloisons.

CANON DE 16ᶜ. — Il y a trois rayures et trois rainures d'arrêt; chacune de ces dernières est formée de deux rainures d'inégale longueur juxtaposées : la partie la plus courte et la plus large correspond aux boutons d'arrêt des obus, et la plus longue aux boutons des projectiles de rupture.

Cette bouche à feu se distingue facilement du canon de 16ᶜ modèle 1858-1860, à chargement par la culasse : ce dernier est

---

(1) Voir l'*Aide-mémoire d'artillerie navale*, 1ʳᵉ livraison de 1873.

moins lourd; le frettage s'arrête en arrière des tourillons, qui sont venus de fonte; il n'y a qu'un seul logement d'obturateur; la chambre à poudre a le même diamètre que l'âme; la fermeture de culasse est à *cadran*.

Canon de 19ᶜ. — Les rayures et les rainures d'arrêt sont au nombre de cinq; chaque rainure est rapprochée de la paroi-talon de manière à former un simple élargissement de la rayure.

Les frettes sont disposées sur deux rangs d'inégale longueur; la frette-tourillons appartient au premier rang.

Canons de 24ᶜ et de 27ᶜ. — Ils ont cinq rayures et cinq rainures d'arrêt; ces dernières sont simples et disposées au milieu des cloisons.

Le frettage est à double rang; la frette-tourillons appartient au deuxième rang.

Dimensions et données principales des bouches à feu de l'artillerie modèle 1864.

ARTILLERIE MODÈLE 1864.	CANONS				
	DE 14ᶜ.	DE 16ᶜ.	DE 19ᶜ.	DE 24ᶜ.	DE 27ᶜ.
ÂME.					
Diamètre de la partie cylindrique de l'âme (1)....	138,6	164,7	191	210	274,4
Diamètre de la chambre à poudre..............	149,4	177,7	205	252,8	287,6
Diamètre de l'écrou de vis de culasse au fond des filets................................	190	223	252	304	342
Longueur de l'âme (2)... { en millimètres.......	1809	3149	3506	4107	4239
{ en calibres..........	13,5	19,2	18,1	17,5	15,4
Longueur de la partie cylindrique..............	1633	2725	2980	3511,5	3423
Longueur du raccordement de l'âme avec la chambre à poudre................................	25	10	5	25	25
Longueur de la chambre à poudre..............	197	399	506,5	651	750
Longueur de la partie comprise entre la chambre à poudre et le logement de vis (3)...........	56	66	84	95	93
Filets de l'écrou de vis { Longueur.............	14	16	19	19	24
de culasse........... { Hauteur.............	6,0	6,0	7,0	8,0	8,0
Longueur du logement de vis de culasse.........	149	185	224,5	277,5	361

(1) Les longueurs sont exprimées en millimètres.
(2) Comptée de la tranche de la bouche à l'obturateur.
(3) Comptée de l'arête postérieure de la chambre à poudre à l'arête antérieure du logement de vis de culasse.

ARTILLERIE MODÈLE 1864.	CANONS				
	DE 14ᶜ.	DE 16ᶜ.	DE 19ᵒ.	DE 24ᶜ.	DE 27ᶜ.
RAYURES.					
Nombre des rayures	3	3	5	5	5
Angle avec la génératrice de l'âme (à la bouche) (en degrés)	6	6	6	6	6
Pas final à la bouche (en calibres)	29,89	29,89	29,89	29,89	29,89
Longueur totale des rayures (1) (de la bouche au raccordement de la chambre)	1633	2725	2980	3511,5	3423
Longueur de la partie parabolique (à partir de la bouche)	1584	2725	2905	3250	3169
Longueur de la partie où la profondeur reste constante — Rayure n° 1	1576	2675	2905	2646,5	2518
Longueur de la partie où la profondeur reste constante — Rayures nᵒˢ 2, 3, 4, 5.	1252	2135	1905	2646,5	2518
Profondeur dans cette partie (mesurée au milieu du profil)	4,5	6	4	5	5
Longueur de la partie où la profondeur est plus grande — Rayure n° 1	57	50	75	865	905
Longueur de la partie où la profondeur est plus grande — Rayures nᵒˢ 2, 3, 4, 5.	381	590	1075	865	905
Profondeur maximum de la rayure — Rayure n° 1	6,4	7,5	6,5	6,4	6,4
Profondeur maximum de la rayure — Rayures nᵒˢ 2, 3, 4, 5.	5,4	6,5	5,5	6,4	6,4
Rigole — Longueur totale	197	399	580	651	759
Rigole — Largeur	39	50	51	55	60
Rigole — Profondeur	1	1	1	1	1
RAINURES D'ARRÊT.					
Nombre des rainures	3	3	"	5	5
Longueur (non compris le raccordement)	118	208	"	250	280
Profondeur (comptée sur le rayon de l'âme)	1,8	1,65	"	4,0	4,5
CORPS DU CANON.					
Longueur totale du canon	2060	3385	3800	4560	4660
Diamètre extérieur à l'extrémité de la volée	240	295	310	425	490
Diamètre le plus fort du bourrelet en tulipe	270	330	"	"	"
Diamètre de l'emplacement du frettage	380	494	582	720	823
Frettage — Diamètre extérieur du frettage (dans la partie la plus épaisse)	492	634	772	990	1113
Frettage — Longueur du frettage. 1ᵉʳ rang	1025	1650	1700	2000	2387
Frettage — Longueur du frettage. 2ᵉ rang	"	"	1080	1817	2209
Frettage — Nombre des frettes. 1ᵉʳ rang	5	7	7	8	12
Frettage — Nombre des frettes. 2ᵉ rang	"	"	4	8	10
Frettage — Distance de l'axe de la lumière à la tranche de culasse	265	340	400	500	610
Frettage — Longueur des tourillons	143	150	180	230	260
Frettage — Diamètre des tourillons	143	190	200	240	274
Frettage — Écartement des embases	540	684	820	1020	1160
Frettage — Distance de l'axe des tourillons à la tranche de culasse	803,5	1315	1345	1517	1631
Poids de la fermeture de culasse (en kilogrammes)	47	87	134	258	320
Prépondérance de culasse (la fermeture étant enlevée) (en kilogrammes)	75	150	0	0	0
Poids de la bouche à feu finie (la fermeture de culasse comprise) (en kilogrammes)	1900	5000	8000	14500	20500
Prix de la pièce finie (avec la fermeture de culasse) (en francs)	1800	4750	7250	12000	18450

(1) Les diverses longueurs indiquées pour les rayures sont celles des projections de ces rayures sur une génératrice de l'âme.

II.

MUNITIONS ET ARTIFICES[1].

PROJECTILES.

Les canons modèle 1864 lancent trois sortes de projectiles :

1° Des *boîtes à mitraille*,

2° Des *obus oblongs*,

3° Des *projectiles de rupture*.

Le calibre de 14ᶜ est le seul pour lequel il n'y a que des boîtes à mitraille et des obus oblongs.

Tous les projectiles, à l'exception des boîtes à mitraille, ont un *montage* particulier ; il se compose :

1° Des *tenons d'avant*, qui servent seuls à donner le mouvement de rotation ; ils sont disposés sur une couronne unique ;

2° De la *couronne d'arrière*, qui est destinée à empêcher les battements en calant l'arrière du projectile : elle se compose soit de *plaques isolantes*, qui ont une faible saillie et s'engagent en partie sur les cloisons pendant le mouvement (calibres de 14ᶜ et 16ᶜ), soit de *tenons d'arrière*, qui prennent appui sur le fond des rayures sans pouvoir en toucher les parois latérales (calibres de 19ᶜ, 24ᶜ et 27ᶜ) ;

3° Des *boutons d'arrêt*, qui assurent la position du projectile dans l'âme, en buttant contre le ressaut de la rainure d'arrêt.

Les projectiles de tous calibres (y compris les boîtes à mitraille) portent au culot une ganse en fil de laiton, qui permet de les manier plus facilement.

____

(1) Voir : 1° l'*Aide-mémoire d'artillerie navale*, 1ʳᵉ livraison de 1874 ; 2° le *Manuel du matelot-canonnier*, édition de 1873.

Boîtes à mitraille. — *L'enveloppe* est en tôle de fer ; le *couvercle* et le *culot* sont en fer ; ce dernier a une épaisseur assez considérable. Les balles sont en zinc.

À part la ganse du culot (en fil de laiton), il n'y a pas de montage. La charge de tir est la même que pour les obus ordinaires.

Obus oblongs. — Les obus oblongs sont en fonte ordinaire. Leur forme est cylindro-ogivale avec culot plat ; la longueur est égale au diamètre multiplié par 2 1/4.

À l'intérieur est une *chambre* qu'on remplit de poudre légèrement tassée ; un *canal de lumière* taraudé débouche à l'avant du projectile, dont la pointe est tronquée. Le diamètre de l'œil à la partie taraudée est le même pour les calibres de 14ᶜ, 16ᶜ, 19ᶜ et 24ᶜ ; il est plus grand pour le calibre de 27ᶜ. On y dispose un mécanisme percutant en bronze, dit *à friction*, dont les freins sont réglés suivant le calibre : les obus oblongs de 14ᶜ, 16ᶜ et 19ᶜ reçoivent le mécanisme n° 4 ; ceux de 24ᶜ, le mécanisme n° 3 ; ceux de 27ᶜ, le mécanisme n° 2, dont le diamètre est plus grand que celui des précédents.

Les *obus d'exercice* ne diffèrent des autres obus que par le sable qui remplace la charge intérieure, et par le *bouchon* plein (en fer) qu'on visse dans l'œil à la place de la fusée.

Le poids de l'obus ordinaire chargé est le double du poids du boulet rond du même calibre.

La charge de tir (en poudre à canon ordinaire) a un poids variant entre le 1/6 et le 1/7 de celui de l'obus, sauf pour le calibre de 14ᶜ, avec lequel on emploie la charge du 1/9.

Projectiles de rupture. — Les projectiles de rupture sont employés pour percer les plaques de cuirasse ; on les tire à la charge du 1/6. Leur poids est le triple de celui du boulet rond du même calibre, et environ le 1/100 de celui de la bouche à feu.

Quant à leur forme, elle est différente suivant que leur rôle spécial est d'agir contre un obstacle rapproché ou éloigné.

Les projectiles *cylindriques* ont une grande justesse de tir aux petites distances ; ils produisent, par l'enlèvement des parties qu'ils rencontrent, des dégâts plus considérables que les projectiles ogivaux (1). L'arrière est terminé par un culot plat, et l'avant par une calotte sphérique aplatie ; le rapport de la longueur au diamètre varie entre 1 3/4 et 2.

Les projectiles *ogivaux* sont destinés à agir surtout aux grandes distances ; ils ont reçu la forme cylindro-ogivale analogue à celle des obus oblongs, forme qui est favorable à la conservation des vitesses ; la tête n'est pas tronquée, elle se termine en pointe. Le rapport de la longueur au diamètre est compris entre 2 1/4 et 2 1/2.

La matière employée dans la fabrication est l'acier, la fonte dure ou la fonte ordinaire ; ainsi, pour chaque calibre, on a les projectiles de rupture suivants :

Boulets ogivaux (massifs) .... { en acier.
en fonte dure.
en fonte ordinaire (pour les exercices seulement).

Boulets cylindriques (massifs) { en acier.
en fonte ordinaire (pour les exercices seulement).

Obus ogivaux............ en fonte dure.

Les projectiles de rupture en fonte ordinaire sont employés par raison d'économie, mais seulement pour les exercices.

Les obus ogivaux en fonte dure ont une chambre à poudre et reçoivent un chargement intérieur. Le canal de lumière débouche à l'arrière ; il est fermé par un tampon en fer vissé dans le culot ; la chaleur développée par le choc contre la cuirasse étant suffisante pour enflammer la charge intérieure, on n'a pas besoin de mécanisme percutant.

Les obus ogivaux en fonte dure n'ayant été adoptés qu'à titre provisoire, les véritables projectiles de rupture sont des boulets pleins, en fonte dure ou en acier, de forme cylindrique ou ogivale.

Marques distinctives. — Afin que l'on puisse distinguer à première vue les différentes espèces de projectiles, les obus ou boulets d'exer-

_____

(1) Les trous produits par le passage des projectiles ogivaux se referment : cet inconvénient ne se produit pas avec les projectiles cylindriques.

cice ont la partie antérieure (ogive ou calotte) peinte en blanc ; les boulets ogivaux en fonte dure ont l'ogive et le culot peints en blanc ; les obus ogivaux en fonte dure ont l'ogive et le culot peints en rouge.

DISPOSITIONS PARTICULIÈRES À CHAQUE CALIBRE.

CANON DE 14ᶜ.

Boîtes à mitraille. — Les canons de 14ᶜ modèle 1864 ont 3 boîtes à mitraille différentes : la *moyenne boîte* pèse 12^k,325 ; la *boîte à petites balles*, 18^k,000 ; et la *boîte à grosses balles*, 19^k,400.

La charge de tir est de 2^k,000.

Obus oblongs. — Les obus oblongs ont le culot légèrement bombé. Leur montage comprend : 3 tenons directeurs (en zinc), 3 plaques isolantes de forme circulaire (en zinc), et 3 boutons d'arrêt (en zinc), placés dans les intervalles des plaques isolantes et sur la même couronne.

L'obus oblong, tout chargé, pèse 18^k,650 ; il reçoit le mécanisme percutant n° 4 ; la charge intérieure est de 0^k,955.

Le poids de la charge de tir est de 2^k,000.

Ces obus sont les mêmes que ceux des canons de 14ᶜ des modèles antérieurs à 1864.

CANON DE 16ᶜ.

Boîtes à mitraille. — Les canons de 16ᶜ modèle 1864 ont 3 boîtes à mitraille différentes : la *moyenne boîte* (1) pèse 20^k,500 ; la *boîte à petites balles*, 30^k,000 ; et la *boîte à grosses balles*, 31^k,000.

La charge de tir est de 5^k,000.

Obus oblongs. — Le montage de ces obus comprend : 3 tenons directeurs (en zinc), 3 plaques isolantes de forme circulaire (en zinc), et 3 boutons d'arrêt (en zinc) placés dans les intervalles de ces plaques.

L'obus oblong, tout chargé, pèse 31^k,500 ; il reçoit le mécanisme percutant n° 4 ; la charge intérieure est de 1^k,300.

Le poids de la charge de tir est de 5^k,000.

---

(1) Cette boîte sert indifféremment aux canons de 16ᶜ de tous modèles, se chargeant par la bouche ou par la culasse.

Ces obus servent également aux canons de 16ᶜ des modèles antérieurs à 1864.

Projectiles de rupture. — Le montage est le même que pour les
obus oblongs.

Le poids d'un projectile de rupture quelconque est de 45ᵏ,000;
celui de la charge de tir est de 7ᵏ,500.

L'obus ogival en fonte dure, le seul qui ne soit pas massif, reçoit
une charge intérieure de 0ᵏ,600.

CANON DE 19ᶜ.

Boîtes à mitraille. — Les canons de 19ᶜ ont 3 boîtes à mitraille différentes: la *petite boîte* pèse 28ᵏ,500; la *boîte à petites balles*,
48ᵏ,000; et la *boîte à grosses balles*, 48ᵏ,000.

La charge de tir est de 8ᵏ,000.

Obus oblongs. — Le montage de ces obus comprend :

1° 5 tenons directeurs (en zinc laminé) à contour circulaire :
ils sont formés d'une partie centrale plus élevée, qui, s'engageant
dans la rayure, sert à donner le mouvement de rotation, et d'une
partie annulaire, qui prend appui sur les cloisons à la façon des
plaques isolantes des calibres de 14ᶜ et de 16ᶜ.

2° 5 tenons d'arrière (en bronze monétaire); ils sont à contour
circulaire et formés de deux parties d'inégale hauteur : la plus élevée s'appuie sur le fond de la rayure sans pouvoir en toucher les
parois latérales; l'autre partie n'a qu'une faible saillie et fonctionne
comme les plaques isolantes.

3° 5 boutons d'arrêt (en zinc coulé), placés un peu en arrière et
à gauche des tenons directeurs.

L'obus oblong, tout chargé, pèse 52ᵏ,250; il reçoit le mécanisme
percutant n° 4; la charge intérieure est de 2ᵏ,200.

Le poids de la charge de tir est de 8ᵏ,000.

Projectiles de rupture. — Le montage de ces projectiles ne
diffère de celui des obus oblongs que par les boutons d'arrêt : ceux-ci,
de forme carrée, sont encastrés dans la partie annulaire des tenons
directeurs et à gauche; le projectile non monté n'a pas d'encastrements de bouton d'arrêt.

Un projectile de rupture de 19ᶜ pèse 75ᵏ,000. L'obus ogival en fonte dure reçoit seul une charge intérieure de 1ᵏ,000.

Le poids de la charge de tir est de 12ᵏ,500.

CANON DE 24ᶜ.

Boîtes à mitraille. — Le canon de 24ᶜ a 3 boîtes à mitraille différentes : la *petite boîte* pèse 54ᵏ,510 ; la *boîte à petites balles*, 96ᵏ,000 ; et la *boîte à grosses balles*, 96ᵏ,000.

La charge de tir est de 16ᵏ,000.

Obus oblongs. — Le montage de ces obus comprend : 5 tenons directeurs de forme circulaire (en bronze monétaire), 5 tenons d'arrière de forme allongée (en bronze monétaire), et 3 boutons d'arrêt cylindriques (en zinc), placés à hauteur de la couronne d'avant dans trois des intervalles.

L'obus oblong, tout chargé, pèse 100ᵏ,000 ; il reçoit le mécanisme percutant n° 3, qui ne diffère du n° 4 que par les freins ; la charge intérieure est de 4ᵏ,676.

Le poids de la charge de tir est de 16ᵏ,000.

Projectiles de rupture. — Le montage de ces projectiles est analogue à celui des obus oblongs ; toutefois, les boutons d'arrêt sont à hauteur de la couronne d'arrière.

Un projectile de rupture de 24ᶜ pèse 144ᵏ,000. L'obus ogival en fonte dure reçoit seul une charge intérieure de 1ᵏ,850.

Le poids de la charge de tir est de 24ᵏ,000.

CANON DE 27ᶜ.

Le canon de 27ᶜ a deux *boîtes à mitraille*, l'une *à petites balles* et l'autre *à grosses balles*, qui toutes deux pèsent 146ᵏ,000.

Les autres projectiles sont analogues à ceux de 24ᶜ et montés de la même manière.

L'*obus oblong*, tout chargé, pèse 144ᵏ,000 ; il reçoit le mécanisme percutant n° 2 ; la charge intérieure est de 7ᵏ,626 ; la charge de tir est de 24ᵏ,000.

Les *projectiles de rupture* pèsent 216ᵏ,000, et se tirent à la charge de 36ᵏ,000. La charge intérieure de l'obus ogival en fonte dure est de 2ᵏ,500.

Dimensions et données principales des boîtes à mitraille de l'artillerie modèle 1864.

ARTILLERIE modèle 1864.	CANON DE 14ᶜ.			CANON DE 16ᶜ.			CANON DE 19ᶜ.			CANON DE 24ᶜ.			CANON DE 27ᶜ.	
	MOYENNE boîte.	BOÎTE à petites balles.	BOÎTE à grosses balles.	MOYENNE boîte. (²)	BOÎTE à petites balles.	BCÎTE à grosses balles.	PETITE boîte.	BOÎTE à petites balles.	BOÎTE à grosses balles.	PETITE boîte.	BOÎTE à petites balles.	BOÎTE à grosses balles.	BOÎTE à petites balles.	BOÎTE à grosses balles.
Enveloppe. Épaisseur de la tôle (¹)	1,0	1,0	1,0	1,0	1,2	1,0	1,5	1,5	1,5	2,0	2,0	2,0	2,0	2,0
Épaisseur du couvercle.	1,0	1,0	1,0	14,0	2,0	1,0	1,5	1,5	1,5	2,0	2,0	2,0	2,0	2,0
Épaisseur du culot...	12,0	14,0	14,0	14,0	16,0	16,0	14,0	19,0	19,0	20,0	24,0	24,0	27,0	27,0
Balles. Diamètre d'une balle.	44,3	26,5	44,5	53,0	34,0	53,0	62,0	37,5	62,0	59,0	53,0	77,0	53,0	89,0
Poids d'une balle....	0,307	0,070	0,315	0,535	0,140	0,535	0,832	0,195	0,849	0,730	0,535	1,625	0,535	2,540
Diamètre de la boîte à mitraille.	136,6	136,6	136,6	162,0	162,0	162,0	191,0	191,0	191,0	237,0	237,0	237,0	271,0	271,0
Hauteur de la boîte à mitraille.	183,35	302	295,0	223,0	352,0	351,0	243,5	385,0	400,0	290,0	530,0	510,0	592,0	580,0
Nombre des balles contenues dans la boîte.........	27	226	48	27	176	48	27	208	48	57	154	48	226	48
Nombre des couches de balles..	4	12	7	4	11	7	4	11	7	5	11	7	12	7
Poids de l'ensemble des balles.	8,289	15,820	15,120	14,445	24,640	25,680	22,464	40,560	40,752	41,610	82,390	78,000	120,810	121,920
Poids total de la boîte remplie.	12,325	18,000	19,400	20,500	30,000	31,000	28,500	48,000	48,000	54,510	100,000	96,000	146,000	146,000
Poids de la charge de tir......	2,000	2,000	2,000	5,000	5,000	5,000	8,000	8,000	8,000	16,000	16,000	16,000	21,000	24,000

(1) Les longueurs sont exprimées en millimètres et les poids en kilogrammes.

(2) Cette boîte sert indifféremment aux canons se chargeant par la bouche ou par la culasse.

*Dimensions et données principales des obus oblongs
de l'artillerie modèle 1864.*

ARTILLERIE MODÈLE 1864.	CANONS				
	DE 14ᶜ.	DE 16ᶜ.	DE 19ᶜ.	DE 24ᶜ.	DE 27ᶜ.
	millim.	millim.	millim.	millim.	millim.
Diamètre de la partie cylindrique...............	136,6	162,3	191,5	237,4	271,8
Longueur totale du projectile (y compris le mécanisme percutant)........................	322,7	371	440	535	610
Longueur de la partie cylindrique (base comprise).	154	175	240	255	280
Longueur de la partie ogivale tronquée..........	139	167	175	255,7	300
Épaisseur des parois à la partie cylindrique......	22	31	34	42	47
Épaisseur du culot au centre...................	28	31	38	47	55
Diamètre du canal de lumière..................	28,5	28,5	28,5	28,5	36,5
Longueur du canal de lumière..................	91	90	100	120,3	120,3
Diamètre du fond des filets dans la partie taraudée de ce canal.	32	32	32	32	40
Distance au culot du cercle moyen de la couronne d'avant................................	136	150	220	243,5	275
Distance au culot du cercle moyen de la couronne d'arrière..............................	25	31	40	58,5	62,5
	kilog.	kilog.	kilog.	kilog.	kilog.
Poids de l'obus vide et non monté..............	16,800	29,100	48,160	91,700	131,500
Poids de la charge intérieure..................	0,955	1,300	2,200	4,676	7,626
Poids total de l'obus monté et chargé...........	18,650	31,490	52,250	100,000	144,000
Poids de la charge de tir......................	2,000	5,000	8,000	16,000	24,000

Dimensions et données principales des projectiles de rupture de l'artillerie modèle 1864.

ARTILLERIE MODÈLE 1864.	CANON DE 16^c.			CANON DE 19^c.			CANON DE 24^c.			CANON DE 27^c.		
	OBUS ogival.	BOULET ogival.	BOULET cylindrique. (2)	OBUS ogival.	BOULET ogival.	BOULET cylindrique. (2)	OBUS ogival.	BOULET ogival.	BOULET cylindrique.	OBUS ogival.	BOULET ogival.	BOULET cylindrique.
	millim.	millim.	millim.	millim.	millim.	millim.	millim.	millim.	millim.	millim.	millim.	millim.
Longueur totale du projectile { en acier............	"	350	288	»	435	345	»	535	420	»	620	480
en fonte ordinaire....	»	380	317	»	469	380	»	580	470	»	670	535
en fonte dure........	420	355	..	486	450	"	590	560	..	680	645	»
Longueur de la partie antérieure du projectile (ogive ou calotte) (1)...............	180	180	20	225	225	20	280	280	20	330	330	20
Distance au culot du rayon moyen de la couronne d'avant du projectile..... { en acier............	"	145	160	»	180	180	..	234,5	234,5			275	275
en fonte (dure ou ordinaire)...........	183	160	138	211	197	197	259,5	259,5	259,5	305	305	305
Distance au culot du rayon moyen de la couronne d'arrière du projectile.... { en acier............	»	25	25	"	30	30	»	49,5	49,5	..	57,5	57,5
en fonte (dure ou ordinaire)...........	25	25	25	53,5	40	40	74,5	74,5	74,5	87,5	87,5	87,5
Diamètre de la partie cylindrique du projectile........	162,3			191,5			237,4			271,8		
	kilog.			kilog.			kilog.			kilog.		
Poids total du projectile monté......................	45,000			75,000			144,000			216,000		
Poids de la charge de tir......................	7,500			12,500			24,000			36,000		

(1) La longueur de la partie ogivale, ou de la calotte sphérique, est indépendante de la nature du métal, celle-ci n'influant que sur la longueur de la partie cylindrique.

(2) Les boulets cylindriques de 16^c et de 19^c sont supprimés en principe ; on n'en fabrique plus, et l'on recherche les moyens de transformer en boulets ogivaux ceux qui existent.

CHARGES.

Les canons modèle 1864 se tirent avec la poudre à canon ordinaire (poudre aux pilons du Ripault).

La *charge* est renfermée dans une *gargousse cylindrique* en papier-parchemin ; la ligature est faite avec un cordonnet de soie ou de laine.

Les gargousses sont confectionnées sur un *mandrin* dont le diamètre est égal aux 0,911 de celui de l'âme ; l'expérience a démontré que cette dimension était la plus avantageuse.

La densité de la poudre à canon, tassée au refus, est égale à 0,95 : on peut donc facilement calculer, pour chaque calibre, la longueur de la gargousse correspondant à une charge donnée ; on ajoute 20 millimètres pour la ligature et la cocarde.

A chaque calibre correspondent deux charges différentes : la plus faible, qui est destinée au tir des obus ordinaires et des boîtes à mitraille, varie entre 1/6 et 1/7 du poids du projectile (1/9 pour les canons de 14ᶜ) ; la plus forte, égale au 1/6, sert pour le tir des projectiles de rupture.

Les marins emploient encore une charge réduite, dite *charge de salut.*

Un *valet* ou *bouchon* en *algue*, substance incombustible et d'une densité très-faible, est interposé entre la charge et le projectile : il a pour principal effet de diminuer la fatigue de la bouche à feu. La longueur du bouchon est comprise entre le diamètre de l'âme et les deux tiers de ce diamètre.

Données principales des charges et gargousses
des canons modèle 1864.

ARTILLERIE MODÈLE 1864.	CANONS				
	DE 14ᶜ.	DE 16ᶜ.	DE 19ᶜ.	DE 24ᶜ.	DE 27ᶜ.
Tir des obus oblongs et des boîtes à mitraille. — Poids de la charge . . . . . . kil..	2,000	5,000	8,000	16,000	24,000
Longueur de la gargousse. mill.	187	300	420	475	520
Diamètre du mandrin . . . . mill.	126	150	159	213	250
Tir des projectiles de rupture . . . . . — Poids de la charge . . . . kil..	"	7,500	12,500	24,000	36,000
Longueur de la gargousse. mill.	"	425	540	670	776
Diamètre du mandrin . . . . mill.	"	150	176	220	250
Longueur du valet en algue . . . . mill.	90	110	100	220	250

ARTIFICES POUR LA COMMUNICATION DU FEU.

Étoupilles. — Pour mettre le feu, on se sert de l'*étoupille à friction*.
L'étoupille de la marine diffère principalement de celle de la
guerre par la substitution de tuyaux de plume aux tubes en cuivre,
qui auraient pu donner des projections dangereuses dans les batteries basses des navires.

A l'étranglement de la partie supérieure du tube, est fixée une
ganse en fil blanc, dont on doit toujours se servir pour retirer l'étoupille de la lumière.

Mécanismes percutants. — Tous les obus oblongs de la marine
sont munis de mécanismes percutants. Il est essentiel que le mécanisme soit suffisamment paresseux pour ne pas fonctionner quand le
projectile traverse un obstacle léger ou ricoche sur la mer, et que
l'éclatement ne se produise qu'à la suite d'un choc contre un but
très-résistant.

La marine a d'abord employé le *mécanisme Tardy*; elle a adopté
en 1866 une *fusée percutante*, et en 1870 une fusée dite *percutante
et à friction* ou *à double réaction*.

Dans le *mécanisme Tardy*, un percuteur est logé librement dans la
lumière du projectile, sa base appuyée sur un rebord ménagé dans
le canal. Ce percuteur a la forme d'un cylindre terminé à la partie
supérieure par une cheminée de fusil; il est creux et rempli de poudre
à mousquet. Un bouton métallique vissé dans l'œil du projectile
porte, en dessous, une capsule couverte d'une lame de cuivre. Pour
que l'inflammation se produise, il faut que le percuteur soit chassé
assez violemment pour venir frapper la capsule après avoir percé la
lame de cuivre : celle-ci joue ainsi le rôle de frein.

La *fusée percutante* substituée au mécanisme Tardy est basée sur
le même principe; seulement, tous les organes sont logés dans un
corps de fusée en bronze; deux goupilles (en fer), qui traversent la
partie inférieure de ce tube creux, donnent un appui au percuteur,
tout en laissant un libre passage aux gaz enflammés.

O.

Dans la *fusée modèle 1870*, le percuteur est retenu par deux tourillons en plomb qui doivent se rompre pour que le système fonctionne; en outre, ce percuteur porte la capsule, tandis que la tête de la fusée est munie d'une petite pyramide triangulaire barbelée : au moment du choc, cette dernière produit sur la capsule une double réaction et l'enflamme à la fois par percussion et par friction.

III.

HAUSSES.

Pour le tir à mitraille, qui est limité à 200 mètres, on se sert de la ligne de mire médiane.

Pour le tir des projectiles autres que les boîtes à mitraille, on pointe à l'aide de *Hausses latérales* (1).

Les Hausses des bouches à feu modèle 1864 sont toutes inclinées.

Chaque canon reçoit généralement deux Hausses différentes : une petite, qui sert pour le tir aux petites distances des obus oblongs et des projectiles de rupture; une grande, qu'on emploie pour le tir des obus oblongs aux grandes distances.

Généralement, ces deux Hausses sont inégalement éloignées de l'axe de la bouche à feu; mais leur distance aux fronteaux de mire respectifs est constante.

Lorsque, la Hausse étant en place, le curseur et le cran de mire sont à zéro, la ligne de mire est parallèle à l'axe de la bouche à feu.

HAUSSES DES CANONS DE 14ᶜ. — Les canons de 14ᶜ ont deux Hausses de gauche, mobiles et inclinées :

La *petite Hausse* a son curseur gradué de 0 à 16 encâblures.

La *grande Hausse* a une graduation s'étendant de 14 à 28 encâblures; elle se place dans la même rainure que la petite, mais elle est plus inclinée.

HAUSSES DES CANONS DE 16ᶜ. — Les canons de 16ᶜ ont deux Hausses de gauche, mobiles et inclinées; à chacune d'elles correspondent une rainure et un fronteau de mire.

La *petite Hausse* porte deux graduations sur la face postérieure du curseur : la première, à gauche, de 0 à 18 encâblures, correspond au tir à obus oblongs; la deuxième, à droite, de 0 à 3 encâblures, sert pour le tir des projectiles de rupture.

---

(1) Voir la Première partie (Hausses).

La *grande Hausse* n'est employée que pour le tir à obus oblongs; la graduation unique de son curseur s'étend de 16 à 35 encâblures.

Hausses des canons de 19ᵉ. — Les canons de 19ᵉ ont trois Hausses de gauche, mobiles et inclinées.

La *petite Hausse* porte deux graduations sur la face postérieure du curseur : la première, à gauche, pour le tir des obus oblongs, de o à 19 encâblures; la deuxième, à droite, pour le tir des boulets ogivaux, de o à 4 encâblures; cette dernière graduation, un peu forcée, sert pour le tir des boulets cylindriques.

Les deux autres Hausses sont plus éloignées que la précédente de l'axe de la bouche à feu, et se placent l'une et l'autre dans la même rainure. Elles servent au tir à obus oblongs; la graduation unique du curseur s'étend pour la *Hausse moyenne* de 17 à 31 encâblures, et pour la *grande Hausse* de 17 à 35 encâblures.

La même bouche à feu reçoit, avec la petite Hausse, l'une ou l'autre des deux autres, suivant la nature de l'affût.

Hausses des canons de 24ᶜ. — Les canons de 24ᶜ ont deux Hausses de gauche, mobiles et inclinées.

La *petite* porte deux graduations sur la face postérieure du curseur : la première, à gauche, pour le tir à obus oblongs, de o à 16 encâblures; la deuxième, à droite, de o à 7 encâblures, pour le tir des boulets ogivaux. Sur la face latérale droite du curseur, une troisième graduation, de o à 4 encâblures, sert pour le tir à boulets cylindriques.

La *grande Hausse*, plus éloignée de l'axe que la petite, est employée pour le tir à obus oblongs; la graduation unique du curseur s'étend de 15 à 3o encâblures.

Hausses des canons de 27ᶜ. — Les canons de 27ᶜ ont deux Hausses, qui se placent l'une à gauche et l'autre à droite de la culasse.

La *Hausse de gauche* est mobile et inclinée; sur la face postérieure du curseur, il y a deux graduations : la première, à gauche, de o à 16 encâblures, pour le tir des obus oblongs; la deuxième, à droite, de o à 10 encâblures, pour le tir des boulets ogivaux. Sur la face latérale droite se trouve une troisième graduation, de o à 7 encâblures, qui sert pour les boulets cylindriques.

La *Hausse de droite* est fixe et inclinée; elle porte les mêmes graduations que la précédente. Elle est placée à droite afin de remédier à l'inconvénient qui résulte, pour le pointage latéral, du peu de largeur des sabords; elle est fixe pour ne pas gêner la manœuvre de la vis de culasse.

IV.

AFFÛTS.

Les bouches à feu du système 1864 sont montées, pour le service à bord de la flotte, sur des *affûts marins*, et, pour le service à terre, sur des *affûts de côte* et *de casemate de côte*.

SERVICE À BORD DE LA FLOTTE.

L'installation de l'artillerie à bord des vaisseaux de guerre présente de grandes difficultés :

Poids à supporter et efforts à soutenir considérables ;

Grande variété dans les circonstances du tir ;

Exiguïté de l'espace dont on dispose dans les batteries ;

Nécessité de limiter les reculs ;

Obligation de pointer en suivant facilement un but mobile, quel que soit le poids de l'affût à déplacer ;

Nécessité de soustraire en tous temps la pièce aux effets des mouvements du navire.

De ces conditions multiples à remplir il est résulté une grande complication dans les modèles d'affûts marins et surtout dans leurs détails et accessoires, complication qui a encore été augmentée par des transformations successives.

Les affûts employés à bord de la flotte pour le service des canons modèle 1864 sont les suivants, ou du moins n'en diffèrent que par des détails :

Canon de 14°. { Affût à échantignolles, modèle 1867 (affût de gaillards).
———— à pivot central.

Canon de 16°. { Affût à échantignolles, dit de canonnière.
———— à flèche directrice.
———— à châssis tournant.
———— de tourelle.
———— à double pivot.

Canon de 19ᵉ.
- Affût à flèche directrice.
- —— à châssis.
- —— à châssis tournant.
- —— de tourelle.

Canon de 24ᵉ.
- Affût à châssis.
- —— à châssis tournant.
- —— de tourelle.

Canon de 27ᵉ | Affût à châssis.

Ces affûts rentrent tous dans les quatre catégories suivantes :

1° Affûts à *échantignolles* ;

2° Affûts à *flèche directrice* ;

3° Affûts à *châssis* ;

4° Affûts à *châssis tournant.*

Les affûts de la première et de la deuxième catégorie sont en bois ; leurs formes générales sont celles des systèmes employés antérieurement à 1864.

Ceux de la troisième et de la quatrième catégorie sont généralement en fer : il n'existait pas d'affûts en fer avant 1864.

1° AFFÛTS À ÉCHANTIGNOLLES (1).

SAVOIR :
- Un *affût de gaillards à échantignolles pour canon de 14ᵉ modèle 1864.*
- Un *affût de batterie à échantignolles pour canon de 16ᵉ modèle 1864* (ancien affût de 50 lisse, dit *de canonnière,* transformé).

AFFÛT. — Chaque affût se compose essentiellement de *deux flasques,* de *deux entretoises* et de *deux roues* montées sur le même essieu. On y joint les *engins de pointage* et les *accessoires* nécessaires pour la manœuvre.

Les *flasques* (en bois) sont parallèles dans l'affût du canon de 14ᵉ,

---

(1) Dans la description des affûts marins, on s'est attaché à donner une idée des dispositions générales, freins, appareils de pointage, etc., sans parler des nombreux détails : ferrures d'assemblage, ferrures de manœuvre, ferrures d'attache des cordages, etc.

Voir : le *Manuel du matelot-canonnier,* édition de 1873 ; l'*Aide-mémoire d'artillerie navale,* 2ᵉ et 3ᵉ livraisons de 1874.

et divergents dans celui du canon de 16°; ils présentent, à la partie supérieure, les *encastrements de tourillon* et des *adents* ou ressauts qui servent à l'embarrage, lorsqu'il s'agit de soulever la culasse. En dessous, la *queue du flasque* est prolongée par une *échantignolle* qui forme appui pour l'arrière de l'affût.

Indépendamment des entretoises, les flasques sont reliés à l'avant par le *croissant* et en dessous par l'*essieu*.

Le *croissant* est une pièce de bois à contour arrondi qui, en s'appuyant contre la muraille du navire, facilite les déplacements latéraux.

L'*essieu* est en bois; il porte les *roues* (également en bois) qui supportent la partie antérieure de l'affût.

L'*entretoise-avant* est en fonte; le milieu est évidé, et de chaque côté se trouve une boîte contenant les ressorts Belleville qui servent à limiter le recul.

La *boîte à ressorts* est cylindrique, fermée à l'avant, ouverte à l'arrière.

Les *ressorts Belleville* se composent de rondelles d'acier embouties en forme d'assiette avec un évidement circulaire au centre; on les dispose par couples en les accolant deux par deux et en sens inverse.

Dans la boîte à ressorts on place plusieurs de ces couples, puis par-dessus une *rondelle de recouvrement,* dont le diamètre est un peu plus faible que celui du cylindre. Un *boulon,* fixé au centre de cette rondelle, vient faire saillie en avant de l'entretoise, après avoir traversé tous les couples ainsi que le fond de la boîte.

Si, pendant le recul, la tête de ce boulon est reliée à un point fixe, les rondelles embouties, pressées entre la rondelle de recouvrement et le fond de la boîte, s'aplatissent et forment ressort; dès que l'effort cesse, elles reprennent leur forme primitive.

Avec l'affût pour canon de 14°, le pointage se fait généralement à l'aide d'une *vis double,* dite à *fourreau mobile;* cet appareil se compose de deux vis rentrant l'une dans l'autre et filetées dans le même sens; l'*écrou* (en bronze) est porté par une *sole mobile,* qu'on place sur l'entretoise-arrière (en bois). Lorsqu'on agit sur les branches de la *manivelle,* la vis intérieure commence par monter seule; dès qu'elle arrive en haut de sa course, elle entraine, à l'aide d'un ergot, la vis extérieure, qui se meut à son tour dans l'écrou.

Chaque affût est aussi muni d'engins auxiliaires de pointage (coussins et coins de mire), qu'on emploie pour tirer sous de grands angles ou pour remplacer la vis double en cas d'accident.

On peut pointer depuis — 6 degrés jusqu'à + 13 degrés avec l'appareil à vis ; en enlevant la sole mobile et se servant du coin de mire, on peut aller jusqu'à + 31 degrés.

Avec l'affût pour canon de 16°, on pointe à l'aide de coussins et de coins de mire.

AccessoiRes. — Parmi les accessoires nécessaires pour la manœuvre, on distingue :

Une *brague de tir* (1), qui sert à limiter le recul en reliant à la muraille du navire les têtes des boulons de ressorts ; le mode d'attache est variable suivant que cette muraille est munie ou non de cheville ouvrière ;

Une *brague d'amarrage*, qui est employée en temps ordinaire pour amarrer l'affût et le soustraire aux effets du roulis et du tangage ;

Deux *anspects*, ou leviers dont la pince est taillée en sifflet ;

Deux *palans de côté* (2), à l'aide desquels on sollicite l'affût de l'arrière vers l'avant ;

Un *palan de retraite*, qui sert à exercer un effort dans le sens inverse.

On a, de plus, un *levier directeur* à galet pour l'affût du canon de 16° ; l'entretoise-arrière de cet affût est munie en son milieu d'une *plaque de levier directeur* avec *godet* en cuivre.

Manœuvre. — Pour faire avancer l'affût, les servants agissent sur les palans de côté ; le chef de pièce dirige le mouvement en embarrant sous l'entretoise-arrière (avec un anspect pour le canon de 14°,

---

(1) On appelle *brague* un cordage de fortes dimensions, dont les extrémités sont épissées sur une cosse en fer ou sur une roulette en fonte.

(2) Le *palan* est un assemblage de poulies et de cordages, au moyen duquel on exerce un effort.

avec le levier directeur pour le canon de 16ᶜ); un servant laisse filer le palan de retraite et se tient prêt à retenir si les mouvements du navire l'exigent.

On fait reculer l'affût en agissant sur le palan de retraite et modérant le mouvement au moyen des palans de côté.

Pour donner la direction, on déplace la queue des flasques à l'aide des anspects.

Pour pointer en hauteur, on se sert aussi des anspects en embarrant sous la culasse.

Dimensions et données principales des affûts à échantignolles pour canons de 14ᶜ et de 16ᶜ, modèle 1864.

AFFÛTS À ÉCHANTIGNOLLES POUR CANONS MODÈLE 1864.	CANONS	
	DE 14ᶜ. (1)	DE 16ᶜ.
	millim.	millim.
Hauteur totale de l'affût (ferrures comprises)............................	950	1100
Hauteur du dessus des flasques au-dessus du plan inférieur des roues........	886	1019
Longueur maximum de l'affût (ferrures et croissant compris).............	1645	2200
Largeur maximum de l'affût (essieu compris)........................	1370	1675
Longueur de la partie frottante de l'arrière........................	505	650
Épaisseur des flasques...	140	170
Écartement intérieur des flasques, dans le plan vertical tangent au-devant des tourillons...	555	610
Hauteur de l'axe des tourillons au-dessus du plan inférieur des roues........	855	985
Recul permis par la brague...	1000	1500
	degrés.	degrés.
Angle de tir maximum permis par l'affût reposant sur un plan horizontal...	+ 31	+ 22
	kilog.	kilog.
Poids de l'affût..	500	775

(1) Les données relatives à l'affût du canon de 14ᶜ sont conformes au tracé du 20 octobre 1873.

2° AFFÛTS À FLÈCHE DIRECTRICE.

Savoir :
{
Un *affût à flèche directrice pour canon de 19ᵉ modèle 1864.*

Un *affût à flèche directrice pour canon de 16ᵉ modèle 1864.*
}

AFFÛT À FLÈCHE DIRECTRICE POUR CANON DE 19ᵉ MODÈLE 1864.

Cet affût se compose de l'*affût proprement dit*, du *chariot à flèche directrice*, mobile autour d'une cheville ouvrière, et du *frein*.

L'*affût proprement dit* est un affût à échantignolles : il est formé de *deux flasques* (en bois), verticaux et parallèles, réunis par *deux entretoises* doubles ; il est porté, à l'arrière, par les échantignolles, et, à l'avant, par *deux roues* (en bois) montées sur le même *essieu*.

Cet *essieu* est en fer ; près des roues et en dedans, il est muni de rouleaux en fonte tournant librement et destinés à monter sur les plans inclinés du chariot ; en son milieu, il est entouré d'une garniture en bois qui vient butter contre le heurtoir.

A l'arrière de chaque flasque se trouvent des roulettes (en bronze) montées sur des chapes à vis et des manchons à rotation ; un ressort les maintient ordinairement relevées au-dessus du pont et sans contact avec lui ; au moyen d'un levier, on peut les amener à faire saillie au-dessous de la face inférieure des échantignolles.

Les *entretoises* sont partie en bois, partie en métal ; au-dessous de chacune d'elles sont placés des guides (en fer) qui embrassent la flèche directrice.

La portion supérieure de l'*entretoise-avant* est en fonte ; elle est munie de ressorts Belleville.

Le bas de l'*entretoise-arrière* est en fer, le haut est en bois ; sa face supérieure reçoit l'appareil de pointage, qui se compose d'une *double vis* montée sur une sole mobile ; un *chapeau mobile*, en bois et tôle, se place sur la tête de la vis quand on veut obtenir de grands angles de projection négatifs. En cas de besoin, le pointage se fait simplement au moyen de coussins et de coins de mire.

Le *chariot à flèche directrice* comprend : la *lunette*, qui embrasse la cheville ouvrière fixée à la muraille du navire ; le *chariot* ou *lisoir* (en fonte), dans lequel on remarque les deux *galets* (en fonte), la *gorge de brague* munie de deux brides en fer, et le *heurtoir* en bois et caoutchouc ; les *armons* ou plans inclinés (en fer à T), réunis à l'arrière par une entretoise courbe ; enfin, la *flèche* (en fer à double T), qui est supportée, près de son milieu et à l'extrémité, par deux couples de *rouleaux* en bronze.

Les galets du lisoir et le couple antérieur des rouleaux de flèche se déplacent sur deux *circulaires* en cuivre fixées au pont ; une troisième circulaire correspond à l'entretoise courbe des armons, à laquelle elle sert d'appui quand les flexions sont trop grandes.

Le *frein* est formé d'une *armature à oreilles* (en fer) qui se place à cheval sur la flèche en arrière de l'affût et porte deux *sabots* avec frotteurs en bois. Ces frotteurs appuient sur chacune des faces latérales de la flèche ; ils sont fixés aux oreilles par deux vis : celle de droite, à pas court, sert à régler le serrage ; l'autre, à pas plus long, porte le levier automoteur.

Le frein est relié à l'affût sans en être tout à fait solidaire ; la jonction se fait au moyen de deux *bielles à coulisse*, qui sont portées par l'armature, et dans chacune desquelles est engagé un bouton fixé à l'entretoise-arrière.

Au départ, l'extrémité du levier automoteur est passée dans l'anneau carré du flasque gauche ; le sabot de droite est placé à la position correspondant au degré de serrage voulu. Pendant le recul, l'affût se meut d'abord indépendamment du frein ; le levier automoteur tourne de l'avant vers l'arrière et serre le frotteur de gauche ; lorsque le bouton arrive à l'extrémité de la coulisse, le frein, dont le serrage est complet, se trouve entraîné par l'affût.

Si l'on fait avancer l'affût, le levier tourne en sens inverse et le frein se desserre.

AFFÛT À FLÈCHE DIRECTRICE POUR CANON DE 16ᵉ MODÈLE 1864.

Cet affût ne diffère du précédent que par les dimensions et par l'absence de l'appareil de soulèvement à la queue des flasques ; les boîtes à chapes de roulettes sont remplacées par des *plaques de levier directeur* avec *godets* en cuivre.

Cet affût est fréquemment employé sans chariot à flèche directrice ; il fonctionne alors comme un simple affût à échantignolles.

ACCESSOIRES ; MANOEUVRE. — Les affûts à flèche reçoivent les mêmes accessoires que ceux de la première catégorie. On y joint de plus : *deux palans de direction*, dont les points d'attache sont à l'extrémité de la flèche ; une *clef de frein* pour le serrage du sabot de droite ; enfin, deux *leviers* servant à manœuvrer l'appareil de soulèvement (canon de 19ᵉ), ou *deux leviers directeurs* (canon de 16ᵉ).

La brague de tir relie l'affût au chariot, et non à la muraille du navire ; le milieu du cordage passe sur la gorge de brague, tandis que les extrémités sont fixées directement aux boulons des ressorts.

On fait avancer ou reculer l'affût, comme précédemment, au moyen des palans de côté et de retraite.

Les déplacements latéraux s'obtiennent par les palans de direction, qui agissent sur la flèche ; pour l'exécution de ce mouvement, l'affût est supposé à la position de batterie, c'est-à-dire appuyé contre le heurtoir, les rouleaux d'essieu élevés sur les armons, et les roues sans contact avec le pont.

Dimensions et données relatives aux affûts à flèche directrice pour canons de 19ᵉ et de 16ᵉ, modèle 1864.

AFFÛTS À FLÈCHE DIRECTRICE POUR CANONS MODÈLE 1864.	CANONS	
	DE 16ᵉ.	DE 19ᵉ.
	millim.	millim.
Longueur de l'affût proprement dit.............................	2010	2300
Largeur de l'affût (ferrures non comprises)....................	1016	1192
Saillie de l'essieu de chaque côté de la face extérieure des flasques........	270	270
Épaisseur des flasques...	160	180
Écartement intérieur des flasques..............................	696	832
Longueur totale du chariot à flèche directrice, avec la lunette...........	4605	.
Hauteur de l'axe des tourillons au-dessus du pont (l'affût en batterie).......	990	1155
	degrés.	degrés.
Angle maximum que permet l'affût.............................	+ 21	+ 21
	kilog.	kilog.
Poids de l'affût proprement dit.................................	1245	1587
Poids de l'affût et du chariot à flèche directrice.....................	1818	2317

3° AFFÛTS À CHASSIS.

SAVOIR :
- Un *affût à châssis pour canon de 24° modèle 1864.*
- Un *affût à châssis pour canon de 27° modèle 1864.*
- Un *affût à châssis pour canon de 19° modèle 1864.*

Ces affûts se composent de l'*affût proprement dit* et du *châssis*, l'un et l'autre en fer.

Le châssis, porté par des roulettes qui roulent sur des circulaires, est mobile autour d'une *chevilleouvrière*.

L'affût proprement dit est monté sur les grands côtés du châssis ; il est organisé de telle sorte que le recul se fait par glissement et la mise en batterie par roulement. Des freins puissants aident à limiter le recul.

AFFÛT À CHÂSSIS POUR CANON DE 24° MODÈLE 1864.

CHÂSSIS. — Le *châssis* est formé d'une seule poutre en fer à double **T**, qui est recourbée en son milieu et dont les extrémités sont réunies à l'arrière par une forte *entretoise* et par le *parquet*.

La portion courbée de la poutre correspond à l'avant du châssis ; sur sa face antérieure s'attache la *lunette ;* en dessous sont fixés deux arrêtoirs ou *agrafes de circulaire ;* en dessus est la *ceinture de brague.* Cette dernière pièce est en fonte ; la partie antérieure est creusée en forme de gorge, tandis que l'arrière se termine par une boîte à ressorts contenant plusieurs couples Belleville ; par-dessus ceux-ci est placé un tampon avec tête en bois, contre lequel l'affût vient choquer dans les mises en batterie.

Les agrafes de circulaire (au nombre de deux) sont de même forme que la circulaire d'avant ; cette dernière présente un fort rebord, contre lequel les agrafes doivent butter en cas de rupture de la lunette ou de la cheville ouvrière.

A l'arrière du châssis, dans chacun des angles formés par l'entretoise et les grands côtés, se trouve un *tampon de sûreté* destiné à amortir les chocs dans les mouvements en arrière ; il est formé d'une plaque de caoutchouc pressée entre deux lames de bois.

Enfin, les *grandes lames* du frein (au nombre de huit) sont boulonnées d'une part à l'avant du châssis et d'autre part à l'entretoise-arrière ; elles sont disposées parallèlement à l'axe et de chaque côté ; on indiquera plus loin la façon dont elles fonctionnent.

Affût. — *L'affût proprement dit comprend deux flasques, deux entretoises, l'appareil de pointage et certains organes du frein.*

Chaque *flasque* est formé de deux plaques de tôle parallèles, reliées entre elles et maintenues à une certaine distance l'une de l'autre. Le dessus du flasque est entaillé de manière à recevoir une *sous-bande* (en bronze) ; la tranche inférieure, à l'exception d'un petit évidement à la partie antérieure, repose de toute sa longueur sur les côtés du châssis.

A la tête des flasques sont deux *galets* (en fonte) portés par le même essieu ; ils ne prennent appui sur le châssis que quand l'arrière de l'affût est soulevé.

A la queue des flasques et sur le côté se trouvent deux *galets* (en bronze) au moyen desquels on obtient ce soulèvement ; chacun de ces derniers galets est monté sur une chape à rotation, son axe étant disposé excentriquement par rapport à celui de la chape : si l'on fait tourner cette dernière à l'aide du levier de manœuvre, le galet s'abaisse et fait saillie en dessous de la tranche inférieure du flasque.

L'entretoise-avant est en fonte ; elle est munie de deux ressorts Belleville (pour la brague de tir) ; au milieu et en dessous, elle porte un tampon destiné à venir butter contre le tampon de choc du châssis.

L'entretoise-arrière est en tôle de fer.

À chacune des entretoises sont fixées des *agrafes-heurtoirs* qui embrassent la partie interne des côtés du châssis ; elles réunissent ce dernier à l'affût, tout en permettant à la queue des flasques de se soulever de la quantité voulue. Celles de l'entretoise-arrière servent en outre de buttoirs contre les tampons de sûreté, lorsque la pièce recule jusqu'à l'extrémité du châssis.

L'appareil de pointage se compose d'une chaîne Galle qui va d'un flasque à l'autre en passant sous le renfort de la bouche à feu ; la

7

culasse s'élève ou s'abaisse suivant qu'on raccourcit ou qu'on allonge la chaîne.

Chacune des extrémités de celle-ci s'enroule sur un pignon denté (en acier); un deuxième pignon (en bronze), monté sur le même axe que le premier, engrène avec une vis sans fin, qui est disposée perpendiculairement aux faces de l'affût, et qu'on manœuvre de l'extérieur au moyen d'une manivelle. Les deux pignons, leur axe et la vis sans fin sont logés entre les deux épaisseurs de tôle qui constituent le flasque.

Le même mécanisme existe de chaque côté ; dans la pratique, il est important d'agir également et en même temps sur les deux manivelles : la maille du milieu de la chaîne, qui doit toujours correspondre à la génératrice la plus basse de la culasse, sert de repère pendant le mouvement; elle est recouverte de cuivre, de manière à être facilement reconnue.

Cet appareil de pointage est commode et résistant; il serait cependant exposé à se disloquer si la culasse pouvait accidentellement retomber sur la chaîne après avoir été élevée à une certaine hauteur : dans tous les affûts munis d'une chaîne Galle, une sole mobile, placée sur l'entretoise, empêche de donner à la pièce une inclinaison assez grande pour que la volée, pendant le recul, puisse butter contre le haut du sabord.

Les *organes du frein* portés par l'affût se composent : des *lames pendantes* (au nombre de dix), qui s'intercalent entre les grandes lames du châssis ; de *deux mâchoires,* qui pressent les lames les unes contre les autres; et d'un *arbre de frein,* au moyen duquel s'opère le serrage.

Pour se relier à l'affût, les lames pendantes ont des entailles latérales qui s'appuient en avant sur un ressaut de l'entretoise en fonte, en arrière sur une *traverse* spéciale.

Les deux lames extrêmes, plus épaisses que les autres, se placent en dehors des grandes lames. Au milieu et dans le même intervalle, sont les *deux lames jumelles,* que deux plaques convexes en acier, formant ressort, séparent l'une de l'autre: cette disposition a l'avantage de rendre le frein moins dur.

Les mâchoires sont mobiles autour d'un axe horizontal, parallèle aux flasques; une extrémité de cet axe est portée par l'entretoise avant, l'autre par la traverse.

Chaque mâchoire forme levier : le bras supérieur se termine par les *griffes*, sur lesquelles on agit par l'intermédiaire de l'arbre de frein; le bras inférieur forme le *bec* qui presse les lames; entre les deux se trouve le point d'appui, qui correspond à l'axe.

L'arbre de frein traverse les deux flasques dans des *boîtes-coussinets* en bronze; il porte en saillie, de chaque côté et en dehors des lames pendantes, deux vis de diamètres différents, dont les pas sont inverses et égaux. Celle des vis qui a le plus fort diamètre est à gauche; chacune d'elles passe dans un écrou mobile (en bronze), qui est entaillé pour recevoir les pattes des mâchoires. Il résulte de cette disposition que, si l'on tourne l'arbre dans le sens du serrage, les écrous s'écartent; les griffes des mâchoires sont entraînées par eux, et les becs se rapprochent en venant presser les lames pendantes.

L'arbre de frein se termine en dehors du flasque droit par un six-pans, sur lequel on place un manchon (en fer) garni extérieurement de 16 cames; un deuxième manchon, qui coiffe le premier, est prolongé, en dessus, par une poignée et une douille de levier dont on se sert pour faire tourner l'arbre à la main, et, en dessous, par une *virgule* qui donne un serrage automatique en rencontrant un buttoir fixé au côté du châssis.

Dans la pratique, le serrage est donné en grande partie à la main : il se complète de lui-même au degré voulu, quand l'affût a suffisamment reculé pour que la virgule choque le buttoir du châssis.

Si l'on oubliait de serrer le frein au départ, le serrage entier se ferait automatiquement au moment de la rencontre de la virgule et du buttoir : l'action du frein serait trop brusque; à la longue elle causerait des dégradations.

Accessoires. — Parmi les accessoires nécessaires pour la manœuvre, on distingue :

Une *brague de tir,* qui passe sur la gorge de l'avant du châssis, et dont les extrémités s'attachent aux boulons des ressorts Belleville; une *brague de sûreté* et une *brague d'amarrage*;

Deux palans de côté et *deux palans de retraite*, agissant sur l'affût; *deux palans de direction*, qui ont leurs points d'attache à la queue du châssis ;

Enfin, des *leviers de galets* (en fer creux); *un levier de frein* (en fer creux); *deux manivelles* pour l'appareil de pointage; une *circulaire de chargement* et son *palan*, qui servent à hisser le projectile jusqu'à l'entrée de la culasse.

Manœuvre. — Pour faire avancer ou reculer l'affût, on desserre le frein; puis on soulève l'arrière des flasques au moyen des leviers des chapes à rotation : l'affût, qui repose alors sur ses galets d'avant et d'arrière, est mis facilement en mouvement à l'aide des palans de côté et de retraite.

On doit éviter de soulever l'affût avant le desserrage du frein : on risquerait ainsi de fausser les axes des roulettes ou des chapes.

Pour les déplacements latéraux, on agit sur le châssis avec les palans de direction.

AFFÛT À CHÂSSIS POUR CANON DE 27ᶜ MODÈLE 1864.

Cet affût ne diffère du précédent que par les dimensions et par des détails dont les principaux sont les suivants :

Les grands côtés du châssis sont des poutres distinctes, réunies par des entretoises à l'avant et à l'arrière.

La lunette est à double branche (en forme d'Y).

L'entretoise-arrière de l'affût étant courbe, on a dû séparer les lames de frein en deux faisceaux distincts, disposés symétriquement par rapport à l'axe.

La circulaire d'arrière est cannelée; les galets d'arrière du châssis, également cannelés, portent des appareils qui servent à rectifier le pointage en direction; les grands déplacements latéraux continuent à être obtenus au moyen de palans.

La queue du châssis n'a qu'un seul tampon de sûreté.

AFFÛT À CHÂSSIS POUR CANON DE 19ᶜ MODÈLE 1864.

Cet affût présente les mêmes dispositions générales que celui de 24ᶜ; il n'en diffère que par les points suivants :

CHÂSSIS. — La gorge de brague est portée par la lunette; le tampon de choc avec ressorts Belleville est remplacé par un simple buttoir élastique. Il n'y a pas de parquet.

Les galets de châssis sont remplacés par des paires de roulettes; grâce à une disposition particulière des chapes, le châssis peut être placé sous des inclinaisons variables et à des hauteurs diverses par rapport au pont.

AFFÛT. — Les galets d'arrière sont fixés à la queue des flasques et non sur le côté.

Le frein à lames est remplacé par *deux freins à mâchoires* indépendants (un de chaque côté) : les deux *mâchoires* de chaque frein portent à la partie inférieure des frotteurs en bois, qui s'appuient, en dehors et en dedans, sur les faces latérales du grand côté du châssis; elles sont réunies au milieu par la *vis de serrage,* en haut par un boulon; la vis et le boulon traversent le flasque de part en part.

Une des extrémités de la vis de serrage se visse dans la mâchoire interne; l'autre extrémité dépasse la mâchoire externe, et porte un dispositif de manœuvre analogue à celui du frein à lames (six-pans, manchon à cames, deuxième manchon avec une douille de levier en haut et une virgule en bas).

Dans sa partie médiane, le boulon est entouré d'un manchon dont les tranches, en saillie sur les faces du flasque, servent d'appui aux mâchoires pour le serrage. Ce manchon jouit d'une certaine élasticité dans le sens longitudinal : il est formé de deux parties séparées par deux couples de ressorts Belleville.

*Dimensions et données principales des affûts à châssis
pour canons modèle 1864.*

AFFÛTS À CHÂSSIS POUR CANONS MODÈLE 1864.	CANONS		
	DE 19ᵉ.	DE 24ᵉ.	DE 27ᵉ.
	millim.	millim.	millim.
Distance de l'arrière du châssis au pivot........................	4610	4995	5720
Longueur du châssis, sans la lunette..........................	3825	4530	5360
Largeur extérieure du châssis..............................	1260	1470	1760
Flasques.............. { Longueur (non compris les ferrures).	1620	1590	2170
Épaisseur.	180	195	260
Hauteur, au-dessus d'une { de l'axe des tourillons.	945	1050	1110
plate-forme horizontale.. { de l'entretoise-arrière (à l'aplomb de la culasse).	260	285	250
Rayon moyen,........... { de la circulaire d'avant.	1445	1235	1465
de la circulaire d'arrière..........	4450	4780	5215
	degrés.	degrés.	degrés.
Angle de pointage maximum au-dessus de l'horizon............ .	15	10	10
	kilog.	kilog.	kilog.
Poids de l'affût..	1980	2580	4635
Poids du châssis	1520	3660	5870

4° AFFÛTS À CHÂSSIS TOURNANT.

SAVOIR : { Un *affût à pivot central pour canon de 14ᵉ modèle 1864.*
Un *affût à châssis tournant pour canon de 19ᵉ modèle 1864.*
Un *affût à châssis tournant pour canon de 16ᵉ modèle 1864.*

Ces affûts donnent un champ de tir embrassant tout l'horizon.

L'*affût proprement dit,* qui porte la bouche à feu, est monté sur un *châssis.* Ce dernier est mobile autour d'un point central et peut être orienté dans une direction quelconque.

AFFÛT À PIVOT CENTRAL POUR CANON DE 14ᵉ MODÈLE 1864 (1).

Le *châssis* est formé de *deux grands côtés* réunis par *deux entre-toises* et *deux corps d'essieu,* le tout en bois.

La cheville ouvrière peut être placée dans trois positions différentes : à l'avant, à l'arrière et au milieu du châssis.

A la partie supérieure de chacun des corps d'essieu est encastré l'*essieu* (en fer), dont les fusées sont courbes et à section carrée;

____

(1) Voir l'*Aide-mémoire d'artillerie navale*, 2ᵉ livraison de 1874.

des *manchons* (en bronze), sur lesquels sont montées les roulettes (en bois), peuvent se déplacer sur ces fusées et occuper différentes positions en rapport avec la situation de la cheville ouvrière.

Il y a deux modèles de châssis: un long et un court.

L'affût proprement dit est formé de *deux flasques* (en bois) réunis par *deux entretoises;* il est muni d'un *frein*. A l'avant des flasques se trouvent des galets (en bronze), qui n'arrivent au contact du châssis que si la queue de l'affût est soulevée; à l'arrière sont les galets de relèvement.

L'entretoise d'avant est en bois. Celle d'arrière est en tôle de fer; la partie médiane de cette dernière est cintrée de manière à servir de guide en s'engageant entre les côtés du châssis.

Le *frein* se compose de deux frotteurs qui sont portés par l'affût et viennent presser les faces externes des grands côtés du châssis.

Ces frotteurs sont montés à l'extrémité de ferrures à sabot, dont la partie supérieure est fixée à l'affût à l'aide d'une *charnière* horizontale, tandis qu'au milieu passe une *tige filetée*. Cette tige réunit les sabots l'un à l'autre; un *volant*, qui permet de la faire tourner, sert à donner le serrage. Pendant le recul, une *plaque-butoir* fixée à l'affût forme appui pour la ferrure à sabot et soulage la charnière.

Dimensions et données principales de l'affût à pivot central pour canon de 14° modèle 1864.

AFFÛT À PIVOT CENTRAL POUR CANON DE 14° MODÈLE 1864.	CHÂSSIS	
	LONG.	COURT.
Longueur totale du châssis (1)	3700	3500
Largeur maximum	1700	1700
Hauteur de la partie inférieure de l'avant au-dessus du sol	45	45
Distance du pivot central aux pivots extrêmes	1535	980
Rayon moyen de l'arc décrit par les roulettes	1740	1220
Inclinaison du châssis de l'arrière à l'avant (degrés)	4°	4°
Poids du châssis (kilog.)	1535	1220

	AFFÛT.
Longueur de l'affût (ferrures comprises)	1520
Largeur maximum	1080
Flasques { Hauteur du devant	720
Flasques { Épaisseur	160
Flasques { Écartement	556
Hauteur de l'axe des tourillons au-dessus du sol, l'affût étant en batterie	980
Angle de pointage maximum (degrés)	30
Poids de l'affût (kilog.)	700

(1) Les longueurs sont exprimées en millimètres.

AFFÛT À CHÂSSIS TOURNANT POUR CANON DE 19ᵉ MODÈLE 1864.

Cet affût est analogue à l'affût à châssis pour le canon du même calibre; il est muni des mêmes freins.

L'axe de rotation est au centre; le pivot, creux et d'un fort diamètre, est fixé solidement au pont. La circulaire embrasse un cercle complet; elle comprend, indépendamment de la partie sur laquelle roulent les galets du châssis, un rebord saillant et une couronne dentée.

Tout le système est entouré d'une tourelle fixe en tôle de fer, destinée à abriter les servants contre les balles et la mitraille de campagne; une porte ménagée à l'arrière donne accès dans la tourelle.

Dans l'*affût proprement dit*, les flasques sont plus élevés que dans celui de batterie à châssis; outre les ressorts de brague, l'entretoise avant est munie d'un tampon de choc à ressorts Belleville.

Dans le *châssis tournant*, les deux côtés en fer à double T sont réunis par trois *entretoises;* celle du milieu correspond au pivot. Chaque bout est monté sur deux roulettes et porte des *agrafes* (en fer), qui embrassent le rebord de la circulaire et empêchent les soulèvements pendant le tir.

. Sur la partie antérieure du châssis, on remarque la *gorge de brague*, un *masque* de tôle, échancré pour le passage de la volée, et le *mécanisme de pointage latéral*.

Ce mécanisme est recouvert et protégé par une tôle cintrée; il se compose d'une vis sans fin dont le mouvement de rotation est transmis à un pignon engrenant avec la circulaire. On fait tourner la vis au moyen de deux volants placés de chaque côté; les servants chargés de cette manœuvre sont montés sur un parquet.

A l'arrière du châssis se trouvent deux escaliers d'accès, deux caissons à outils et un treuil à tambour. Ce dernier sert à faire mouvoir l'affût sur le châssis : pour le mouvement en arrière, les cordages viennent s'enrouler directement sur le tambour; pour le mouvement inverse, ils passent d'abord en avant sur une poulie de renvoi.

AFFÛT À CHÂSSIS TOURNANT POUR CANON DE 16ᵉ MODÈLE 1864.

Cet affût diffère du précédent par les dispositions suivantes :

L'*affût* est muni de freins à sabots. L'appareil de pointage en hauteur se compose d'une traverse horizontale qu'on élève ou qu'on abaisse au moyen de deux vis parallèles et d'un système d'engrenages.

Au *châssis*, il n'y a pas d'agrafes de circulaire : un *frein à pédale* sert à immobiliser le pignon moteur et à soustraire la pièce aux effets du roulis. Le mécanisme de pointage latéral se trouve à l'arrière ; les volants, à l'aide desquels on le manœuvre, servent aussi pour le treuil à tambour : un embrayage permet de produire à volonté l'un ou l'autre des mouvements.

Données relatives aux affûts à châssis tournant
pour canons modèle 1864.

CHÂSSIS TOURNANTS POUR CANONS MODÈLE 1864.	CANONS	
	DE 16ᵉ.	DE 19ᵉ.
	millim.	millim.
Longueur totale du châssis	4250	
Largeur maxima du châssis	1600	
Diamètre extérieur de la circulaire	3360	
	degrés.	degrés.
Inclinaison du châssis	5	6
Angle de pointage maximum permis par l'affût	28	25
	kilogr.	kilogr.
Poids ... { de l'affût proprement dit	1600	2100
du châssis	3650	4100
de la circulaire	600	800

AFFÛTS DIVERS.

A bord de quelques canonnières, il existe des affûts tournants d'un autre type que ceux dont on vient de donner la description.

Le châssis est fixé sur une plate-forme mobile autour de son centre. Cette plate-forme est circulaire et montée sur des galets ; on la manœuvre au moyen d'un mécanisme masqué dans le faux pont. Les servants sont portés par la plate-forme ; les munitions sont amenées par la cavité du pivot.

Affûts de tourelle. — Les affûts à châssis tournant sont appelés *affûts de tourelle*, quand ils sont enfermés dans une tourelle blindée : celle-ci peut d'ailleurs être couverte ou découverte, fixe comme à bord des corvettes et des frégates cuirassées, ou mobile comme sur quelques gardes-côtes.

Les mécanismes varient beaucoup dans les détails ; mais on peut en saisir les dispositions à première vue, si l'on connaît les types décrits précédemment.

Affût à double pivot pour canon de 16ᶜ modèle 1864. — Le canon de 16ᶜ modèle 1864 est quelquefois monté sur un affût en bois dit *à double pivot* : le *châssis* peut tourner, soit autour du milieu de l'entretoise-avant, soit autour du milieu de l'entretoise-arrière ; il est porté par quatre roues (en bois), montées sur deux essieux à fusées courbes. L'*affût* est formé de pièces de bois disposées obliquement les unes par rapport aux autres ; il est muni de ressorts Belleville et ne porte pas de frein ; l'entretoise-arrière (en fer) est fortement courbée, de manière à permettre le tir jusqu'à l'angle de 32 degrés.

SERVICE À TERRE.

Dans un avenir peu éloigné, les canons modèle 1864 formeront en grande partie l'armement du littoral : il est admis, en principe, que ces bouches à feu seront employées dans les batteries de côte toutes les fois qu'il s'agira de produire des effets de rupture ou d'agir à de grandes distances.

Les canons de 16ᶜ et de 19ᶜ, modèle 1864, seraient destinés à lancer spécialement des obus oblongs jusqu'aux plus grandes portées, et, à l'occasion, des projectiles de rupture aux petites distances.

Les canons de 24ᶜ et de 27ᶜ, modèle 1864, serviraient surtout au tir des projectiles de rupture, et, à l'occasion, à celui des obus oblongs.

Le canon de 32ᶜ modèle 1870 serait employé exceptionnellement pour produire de grands effets de perforation.

Ces bouches à feu seront montées, soit sur des *affûts de côte* permettant de tirer à barbette ou du moins par des demi-embrasures, soit sur des *affûts de casemate.*

Le canon de 19ᵉ est la seule pièce de l'artillerie modèle 1864 qui ait un affût de côte réglementaire (1); pour les autres calibres, la question est encore à l'étude : on expérimente, en ce moment, un affût de côte en fonte pour canon de 24ᵉ et un affût de côte en fonte pour canon de 27ᵉ, qui, tous deux, sont analogues à celui de 19ᵉ.

Quant aux affûts de casemate, on en a construit quelques-uns pour des canons de 27ᵉ destinés à l'armement de la digue de Cherbourg; ce type n'est ni régulier ni définitif.

AFFÛT DE CÔTE, EN FONTE, POUR CANON DE 19ᵉ MODÈLE 1864.

Cet affût se compose du *châssis*, mobile autour d'une *cheville ouvrière*, et de l'*affût proprement dit;* le tout est monté sur une *plateforme* en fonte.

Le *châssis* est formé de *deux grands côtés* (en fonte) réunis par *trois entretoises :* une à l'avant, formant lisoir et correspondant à la cheville ouvrière; une autre au milieu; la troisième à l'arrière.

Chacun des grands côtés présente, à l'extrémité antérieure, une partie recourbée qui est destinée à arrêter l'affût à la position de batterie; au milieu et en dessous est fixé un support (en fer) de forme rectangulaire.

Vers l'arrière, deux roues soutiennent le châssis; leur hauteur est calculée de manière que les grands côtés soient convenablement inclinés; l'axe de chacune de ces roues se prolonge extérieurement par un manchon d'embarrage.

L'*affût proprement dit* comprend les *deux flasques* réunis par *trois entretoises,* l'*essieu* avec manchons de roulement et d'embarrage, l'*appareil de soulèvement* et les *accessoires de pointage.*

Les *flasques* sont en fonte; on remarque à la partie supérieure les adents d'embarrage et les coussinets de tourillon (en fer). Sur les

____

(1) L'affût de côte en fonte pour canon de 16ᵉ modèle 1858-60 ne peut recevoir le canon de 16ᵉ modèle 1864.

faces latérales, on a ménagé des évidements pour diminuer le poids, et des nervures pour augmenter la résistance. Les côtés inférieurs reposent de toute leur longueur sur le châssis.

Les trois *entretoises* sont en fonte; elles sont réunies aux flasques au moyen de boulons en fer.

A l'avant de l'affût est fixé l'*essieu* (en fer); il est garni, à chacune de ses extrémités, d'un manchon (en fonte) formé de deux parties de diamètres inégaux: la plus petite correspond au côté du châssis, et n'arrive au contact de celui-ci que quand l'arrière de l'affût est soulevé; la plus grande est munie de taquets d'embarrage.

A la queue des flasques se trouve l'*appareil de soulèvement*, formé d'un système de galets à rotation excentrique: on s'en sert pour ramener la pièce en batterie par un mouvement de roulement, tandis que le recul se fait par glissement.

Un coussinet en bois, qui se place sur l'entretoise-arrière, porte la *vis de pointage* et son écrou.

La *plate-forme* est horizontale: en avant, la *sellette de cheville ouvrière* (en fonte) est solidement fixée sur un massif de maçonnerie; en arrière, une *voie circulaire* est destinée à supporter les roues du châssis; elle est formée de *courbes*, de *semelles* et de *coins*.

Dimensions et données principales de l'affût de côte en fonte pour canon de 19ᶜ modèle 1864.

AFFÛT DE CÔTE EN FONTE.	CANON DE 19ᵉ.
	millim.
Hauteur des flasques (à l'avant)	1085
Épaisseur des flasques (au milieu)	130
Écartement des flasques (au milieu)	856
Écartement des tranches intérieures des coussinets de tourillon	610
Écartement intérieur des flasques à hauteur des entailles de coussinet	640
Hauteur de la face supérieure du châssis au-dessus du sol (à l'aplomb de la cheville ouvrière)	832
Hauteur de la face supérieure du châssis au-dessus du sol (à l'aplomb des roues de l'arrière)	1040
Longueur des grands côtés du châssis	4500
Distance de la tranche antérieure du châssis à l'axe de rotation	. 350
Hauteur de l'axe des tourillons au-dessus du sol, l'affût étant en batterie	1897
Rayon moyen de la grande circulaire	3030
Rectangle enveloppant la plate-forme. { Longueur	7000
Largeur	8000
	kilog.
Poids de l'affût et du châssis	8500

V.

MANOEUVRE ET SERVICE DES BOUCHES À FEU [1].

La pièce étant en batterie, la manœuvre comprend les opérations suivantes :

Disposer la culasse de manière qu'on puisse charger commodément.

Ouvrir la culasse; boucher la lumière.

Écouvillonner.

Visiter et nettoyer l'obturateur et la vis de culasse, ainsi que leurs logements.

Introduire la charge.

Fermer la culasse.

Pointer, dégorger, amorcer et mettre le feu.

Dès que le coup est parti, passer le dégorgeoir dans la lumière; remettre la pièce en batterie.

DÉTAILS ET DIFFICULTÉS DE MANŒUVRE.

DISPOSER LA CULASSE POUR LE CHARGEMENT. — L'axe de la bouche à feu doit être à peu près horizontal, la culasse un peu plus élevée que la volée.

Il faut s'assurer que le loquet de console est engagé dans le trou carré et maintient la console appuyée contre la tranche de culasse.

OUVRIR LA CULASSE. — Soulever le linguet ; ramener la manivelle de la droite vers la gauche jusqu'à toucher le heurtoir; saisir la poignée centrale avec les deux mains et retirer la vis de culasse en arrière [2]; déplacer la console vers la droite.

La lumière doit être bouchée pendant tout le temps que la culasse reste ouverte.

---

(1) Voir le *Manuel du matelot-canonnier*, édition de 1873.

(2) Le choc qui se produit quand la vis arrive à l'extrémité de sa course sur la console suffit pour dégager le loquet.

La manœuvre de l'appareil de fermeture est souvent assez pénible, avec les gros calibres, pour nécessiter le concours d'un deuxième servant; celui-ci agit sur un levier dont la pince est engagée dans une douille (canon de 19ᶜ) ou sur des goujons d'embarrage (canons de 24ᶜ et de 27ᶜ), fixés sur l'arrière de la vis de culasse à côté de la poignée centrale.

Lorsqu'on éprouve des difficultés à ouvrir la culasse à la main, il suffit souvent de frapper avec un maillet sur la poignée centrale pour détruire l'adhérence des surfaces des filets de la vis et de l'écrou.

Si, malgré cette précaution, l'inconvénient persiste, on se sert du maillet pour amener la manivelle à la position d'ouverture: on frappe sur la tête de manivelle, après avoir interposé un chassoir et en évitant de toucher la poignée.

Ces difficultés de manœuvre proviennent le plus souvent de l'échauffement de l'obturateur ou d'un dévissage partiel de son boulon: on les fera généralement disparaître en nettoyant avec le plus grand soin la vis et son logement, en mouillant abondamment l'obturateur avec de l'eau froide et en revissant le boulon s'il y a lieu. Si les difficultés subsistent encore, il est nécessaire de changer l'obturateur, qui a dû subir une déformation permanente.

Écouvillonner. — Introduire dans l'âme l'écouvillon légèrement mouillé; l'enfoncer au delà de l'emplacement du projectile; le ramener dans la chambre et le tourner plusieurs fois; puis, le retirer brusquement de manière à rejeter au dehors les crasses et résidus. Laver l'écouvillon à grande eau.

Visiter et nettoyer l'obturateur et la vis de culasse, ainsi que leurs logements. — On s'assure que l'obturation a été complète en faisant tourner la rondelle avec précaution, et en s'assurant qu'il n'y a, ni sur la couronne, ni sur la rondelle ou la vis, des traces noirâtres laissées par les fuites de gaz.

On mouille abondamment l'obturateur.

On nettoie et on essuie avec l'éponge humide, ou un linge légèrement mouillé et ne s'effilant pas, la surface intérieure et la couronne de l'obturateur, les logements, ainsi que la tête du boulon ; on s'assure que ce boulon est bien vissé, qu'il n'obéit pas à la main, et que nulle part il n'y a de dégradations apparentes.

L'obturateur est ramené à sa position primitive, les encoches de la vis et de la rondelle se correspondant.

On nettoie et on essuie avec le même soin et de la même manière la vis de culasse.

Après l'introduction de la charge, on essuie avec l'éponge ou le linge mouillé les logements de l'obturateur et de la vis.

La visite du logement d'obturateur se fait généralement avec rapidité, pour ne pas allonger la manœuvre. Mais, si la présence de taches noires indique que l'obturation a été incomplète, il faut apporter à cet examen la plus grande attention. Pour que les dégradations soient apparentes, on est souvent obligé d'essuyer à sec le logement d'obturateur et d'en mettre la surface dans l'état de propreté où elle était avant le tir.

Introduire la charge. — On introduit d'abord le projectile, puis le bouchon, et enfin la charge.

Projectile. La planchette étant mise sur son support, la rainure dans le prolongement de la rayure n° 1, le projectile est placé dessus, le culot en arrière, la ganse de laiton verticale, le tenon le plus rapproché de cette ganse engagé dans la rainure. On le pousse jusqu'à la position voulue au moyen du refouloir, dont la hampe porte une traverse servant de repère (1).

Il arrive souvent qu'on éprouve des difficultés pour enfoncer le projectile quand il a été mal présenté : on le retire, on engage avec précaution les tenons dans les rayures, et, s'il le faut, on achève l'enfoncement à coups de refouloir ou d'anspect. Quelquefois un deuxième écouvillonnage rend l'opération très-facile.

Si l'on éprouve une résistance trop considérable, ou si les tenons

---

(1) Pour les canons de 19ᶜ, 24ᶜ et 27ᶜ, l'écouvillon et le refouloir sont séparés ; pour les canons de 14ᶜ et de 16ᶜ, ils sont montés sur la même hampe.

sont forcés, il faut rebuter le projectile; pour le retirer, on se sert d'un crochet de déchargement ordinaire ou à vis.

Pour les gros calibres, le projectile est amené et hissé à hauteur de la culasse par des moyens mécaniques : on se sert pour cela d'une *circulaire*, d'une *tringle* mobile autour de la circulaire, d'un *palan* et d'une *lanterne de chargement*.

Bouchon. Le bouchon est placé à la main en contact avec le culot du projectile.

Gargousse. La gargousse est apportée, la cocarde en dessus, dans un *gargoussier* à fond mobile ; celui-ci est présenté ouvert à l'entrée de la chambre : il suffit de pousser le fond mobile pour introduire la gargousse.

Fermer la culasse. — Saisir des deux mains la poignée centrale ; porter la console de la droite vers la gauche, l'axe de la vis dans le prolongement de l'âme, en ayant soin de contretenir sur la poignée pour empêcher la vis de glisser (fermeture à charnière); pousser la culasse dans l'intérieur, et amener la manivelle à la position de fermeture en abattant vivement jusqu'au heurtoir.

Un deuxième servant applique son levier à la culasse et concourt à ce dernier mouvement, qu'on termine à coups de maillet si cela est nécessaire.

Pointer, dégorger, etc. — Ces opérations s'exécutent comme on l'a vu à propos des affûts, Hausses, etc.

Quand on se sert d'accessoires de pointage, on a soin d'amarrer à l'affût les coussins et coins de mire, qui seraient projetés par suite des réactions du tir et pourraient blesser les servants.

Dès que le coup est parti, on passe le dégorgeoir dans la lumière ; cette opération se fait généralement sans difficulté.

Si le canal était obstrué par des crasses ou des débris de gargousse, on se servirait du dégorgeoir mouillé, puis du dégorgeoir à vrille.

Si la lumière est obstruée par suite de refoulement du métal du grain, on emploie le dégorgeoir aminci et à la rigueur, mais le plus rarement possible, le dégorgeoir à fraise.

Après un raté d'étoupille, il faut éviter d'ouvrir la culasse : cette opération est dangereuse et ne doit être faite qu'en présence d'un officier.

OBSERVATIONS RELATIVES AUX OBTURATEURS.

Pour que l'obturateur fonctionne bien, il faut :

1° Qu'il soit bien centré par rapport à son logement ;

2° Qu'il occupe toujours la même position relative ;

3° Que le boulon central soit serré à fond et fortement ;

4° Que la couronne extérieure et le fond de l'obturateur, ainsi que son logement, soient parfaitement nettoyés ;

5° Que la rondelle tourne librement, mais sans jeu.

Par sa construction, l'obturateur est parfaitement ajusté sur son logement.

MISE EN PLACE ET CENTRAGE DE L'OBTURATEUR. — La culasse étant ouverte, la broche est introduite dans les deux demi-trous carrés, de manière à fixer la rondelle à la vis. L'obturateur est mis en place, les goujons engagés dans leurs échancrures respectives ; le boulon central est vissé d'une quantité telle que l'obturateur un peu serré puisse néanmoins se déplacer latéralement par suite d'un certain effort. On enlève la broche, et on ferme la culasse en abattant plusieurs fois la manivelle ; l'obturateur, qui peut encore se mouvoir, s'ajuste de lui-même dans son logement ; on le fixe complétement en vissant à fond son boulon après avoir ouvert la culasse.

Ce vissage à fond du boulon central est très-important ; pendant toute la période du tir, on vérifie qu'il persiste après chaque coup : le boulon doit être resserré dès qu'il obéit à la main.

Le logement d'obturateur et par suite l'obturateur, qui se moule sur lui, prennent souvent une forme légèrement ovale : la superposition des surfaces ne se fait exactement que si l'on ramène à chaque coup les mêmes parties en contact : on obtient ce résultat en faisant coïncider les encoches de la vis et de la rondelle avant de fermer la culasse.

8

Fonctionnement de l'obturateur; dégradations. — L'obturation est parfaite quand elle se fait sur toute la hauteur de la couronne.

L'obturation est suffisante quand elle se produit seulement sur une partie de cette hauteur; l'obturateur peut fonctionner longtemps dans ces conditions, qui sont d'ailleurs les plus usuelles.

On reconnaît facilement la zone obturante de la couronne: la surface métallique y reste nette et brillante.

L'obturation est mauvaise quand la couronne est salie par les gaz sur toute sa hauteur; souvent les taches noires s'étendent sur la rondelle et la vis de culasse. Il faut alors nettoyer avec soin l'obturateur et son logement, et rechercher s'il y a des dégradations.

Quant on observe des stries sur l'obturateur, il faut le changer.

Si de faibles stries existent dans le logement, on change l'obturateur et on recommence le feu; si les fuites de gaz persistent, on passe au logement n° 2.

L'officier de batterie doit toujours être prévenu, et c'est lui qui indique ce qu'il faut faire.

On observe parfois que la zone obturante diminue rapidement d'épaisseur et se réduit bientôt à une ligne: c'est un indice de la mauvaise qualité du métal de l'obturateur; ce dernier doit être changé avant que des fuites se produisent.

Quelquefois un obturateur de fabrication défectueuse se fend pendant le tir: si la fuite se produit sur le fond et circulairement, on peut encore continuer le tir pendant un combat un peu vif; mais, si la fente est sur la couronne ou si elle se produit sur le fond suivant un rayon, il faut immédiatement cesser le feu et changer l'obturateur.

Changement d'obturateur. — Le changement d'obturateur se fait directement et sur place quand on n'est pas pressé; toutes les précautions relatives au centrage doivent être observées. Dans un combat un peu vif, il en résulterait une interruption du feu pendant un temps assez long: alors on change à la fois l'obturateur et la rondelle, cette dernière étant garnie à l'avance de son obturateur centré et serré.

Chaque bouche à feu est dotée de :

3 obturateurs n° 1 (en acier);

2 rondelles n° 1 (avec leurs boulons);

2 obturateurs n° 2 (en acier);

1 rondelle n° 2 (avec son boulon).

Pour les exercices, on se sert aussi d'obturateurs en cuivre rouge ou d'obturateurs en carton; ces derniers s'emploient avec une rondelle spéciale dont la face antérieure est plane.

ENTRETIEN DES APPAREILS DE CULASSE.

CONSERVATION. — Pour les bouches à feu en batterie, les appareils de culasse sont enfoncés dans leurs logements, et fermés aussi complétement que possible sans faire travailler les ressorts des appareils de sûreté.

Les appareils de fermeture et leurs accessoires, les logements de vis et d'obturateur sont visités, nettoyés et graissés par le maître armurier au moins tous les huit jours (à bord de la flotte).

La surface intérieure de l'âme, les Hausses et les boîtes de Hausse sont nettoyées et graissées toutes les fois que cela est reconnu nécessaire.

Le nettoyage des diverses parties démontées se fait à grande eau au moyen de brosses très-dures; on essuie avec un linge bien sec, et on graisse avec des brosses douces; la graisse employée est la graisse d'armes.

Les parties en cuivre sont nettoyées avec du tripoli et du vinaigre ou de l'eau-de-vie; elles ne sont jamais graissées.

SOINS QUE NÉCESSITE LE TIR. — Avant le commencement du feu, on enlève complétement la graisse qui recouvre la vis et son écrou, ainsi que le logement d'obturateur; ces surfaces sont mouillées à l'eau douce. Les plans d'appui de la rondelle et de la vis de culasse restent soigneusement graissés : on introduit pour cela une goutte d'huile dans le trou de la broche.

Pendant le tir, tout graissage est supprimé; les surfaces ne doivent être nettoyées qu'à l'eau douce.

8.

Après le tir, les divers organes du mécanisme sont nettoyés, visités et graissés. L'âme est lavée, essuyée, puis graissée à l'aide d'un refouloir garni d'une peau de mouton.

ENTRETIEN DES AFFÛTS (À BORD).

L'affût et le châssis sont recouverts de deux couches au minium et d'une couche de peinture noire ; l'intérieur des flasques seul est peint en blanc.

L'appareil de pointage est tenu constamment propre et bien graissé.

Les galets, les chapes et les axes de rotation sont soigneusement graissés. On opère de même pour les accessoires, poulies de palan, appareils de chargement, etc.

Pour que le pointage en hauteur soit facile, les tourillons de la pièce, ainsi que les sous-bandes, ne doivent pas être peints ; on les entretient propres et bien graissés.

Le dessous des flasques et le dessus des côtés de châssis ne reçoivent jamais ni peinture ni graisse. Il en est de même pour les lames du frein : lorsque celles-ci sont trop rouillées, on se contente de les gratter et de les laver.

VI.

FORMULES ET RENSEIGNEMENTS BALISTIQUES. — CORRECTIONS. — TABLES DE TIR.

—

FORMULES BALISTIQUES.

Les formules balistiques et les notations correspondantes ont été données dans la première partie.

Pénétration des boulets ogivaux dans les murailles cuirassées [1].

On désigne par :

ε l'épaisseur de la plaque en fer forgé. . . . .⎫
E l'épaisseur du matelas en bois. . . . .⎬ en décimètres.
a le diamètre du projectile. . . . .⎭

p le poids du projectile, en kilogrammes.

Si l'on tire perpendiculairement à l'obstacle, la vitesse **W** nécessaire pour traverser une plaque isolée en fer est donnée par la formule :

$$W = 1\,660\,\varepsilon^{\frac{1}{3}}\sqrt{\frac{a}{p}}.$$

La vitesse **U** nécessaire pour traverser une muraille isolée en bois est :

$$U = 95\,E\sqrt{\frac{a}{p}}.$$

La vitesse **V** nécessaire pour traverser une muraille composée d'une plaque de fer et d'un matelas en bois s'obtient par la relation :

$$V^2 = W^2 + U^2 = \frac{a}{p}\left(9025\,E^2 + 2755600\,\varepsilon^{\frac{2}{3}}\right).$$

Si le tir est oblique, i étant l'angle, au point choqué, de la tra-

—

[1] Voir le *Mémorial de l'artillerie de la marine*, 3e livraison de 1874.

jectoire avec la normale à la surface, on a pour la vitesse V' nécessaire :

$$V' = \frac{V}{\cos i}.$$

Quand, au lieu d'une seule plaque en fer de forte épaisseur, on emploie un assemblage de n plaques d'épaisseur ε superposées et indépendantes, on obtient une cuirasse ayant même résistance qu'une plaque unique d'épaisseur $\frac{n\varepsilon}{\sqrt[4]{n}}$. Dans la pratique, les liaisons qu'on a soin d'établir entre les différentes couches augmentent un peu cette résistance.

En appliquant ces formules aux boulets ogivaux de la marine française, on a obtenu les valeurs des vitesses d'arrivée, W et V, nécessaires pour percer, dans un tir normal à l'obstacle : 1° une muraille composée d'une seule plaque de fer d'épaisseur ε (vitesse W); 2° une muraille composée de la même plaque de fer et d'un matelas en bois de $0^m,80$ d'épaisseur (vitesse V).

Ces valeurs de W et de V sont données dans le tableau suivant :

Tableau des valeurs de W *et de* V.

VALEURS DE ε (en décimètres).	BOULETS OGIVAUX							
	DE 16ᶜ.		DE 19ᵉ.		DE 24ᵉ.		DE 27ᵉ.	
	W	V	W	V	W	V	W	V
	mètres.	mètres.	mètres.	mètres.	mètres.	mètres.	mètres.	mètres.
1,2	358,9	384,0	299,5	323,2	240,8	259,5	"	"
1,5	"	"	347,5	368,2	279,0	295,6	243,1	258,1
2,0	"	"	421,0	438,3	338,0	351,8	295,1	307,5
2,2	"	"	"	.	360,2	373,2	314,5	325,8

Les résultats consignés dans ce tableau s'appliquent également aux boulets ogivaux des canons modèle 1864 et modèle 1870; ils varient légèrement dans la pratique, en raison de la qualité du métal des plaques et des projectiles.

Pour obtenir la portée limite du tir efficace des bouches à feu de chaque calibre contre les cuirasses de diverses épaisseurs, il suffit de comparer le tableau précédent à celui des vitesses restantes.

Tableau des vitesses restantes des projectiles de rupture de l'artillerie modèle 1864 [1].

DISTANCES	BOULETS							
	DE 16e		DE 19e		DE 24e		DE 27e	
	ogivaux.	cylin-driques.	ogivaux,	cylin-driques.	ogivaux.	cylin-driques.	ogivaux.	cylin-driques.
mètres.	mètres.	mètres.	mètres.	mètres.	mètres.	mètres.	mètres.	mètres.
0	345,0	345,0	344,0	344,0	340,0	340,0	331,0	331,0
200	338,7	326,7	338,7	328,7	333,9	326,2	325,9	319,0
400	332,6	310,3	533,6	315,7	328,0	313,5	321,0	309,0
600	326,7	295,5	328,7	301,8	322,2	301,7	316,3	299,1
800	321,0	282,0	323,9	290,0	316,8	290,8	311,7	289,8
1000	315,6	269,6	319,2	270,0	311,5	280,7	307,1	281,0
1200	"	"	"	"	306,4	271,2	302,8	272,8
1400	"	"	"	"	301,6	262,3	298,6	265,0
1600	"	"	"	"	296,5	254,3	294,4	257,7
1800	"	"	"	"	"	"	290,4	250,8
2000	"	"	"	"	"	"	286,5	242,2

CORRECTIONS.

Toutes les Hausses des canons modèle 1864 étant inclinées, la dérivation se trouve par cela même corrigée; le pointeur n'a donc qu'à placer le curseur à la division correspondant à la distance évaluée en encâblures; le cran de mire reste au zéro sur la traverse, à moins qu'on ait à faire des corrections accidentelles.

Dans ce cas, on le déplace en se guidant sur l'échelle en millimètres; le cran de mire est porté en général du côté où l'on veut faire aller le projectile.

CORRECTION DE VENT. — Elle est appréciée par l'officier, chef de

---

batterie. Si le vent vient de droite ou de gauche, on porte le cran de mire du même côté; s'il vient de face, la hausse est un peu augmentée; elle est diminuée dans le cas contraire.

CORRECTION DE L'INCLINAISON DES TOURILLONS. — On porte le cran de mire en sens inverse de l'inclinaison. Le *Manuel du matelot-canonnier* donne une table de corrections.

CORRECTION DE LA VITESSE DU BUT. — On déplace le cran de mire dans le sens de la marche du but.

Table des corrections, en millimètres, pour un nœud de vitesse (1).

BOUCHES À FEU MODÈLE 1864.	DISTANCES en ENCÂBLURES.	CORRECTIONS pour UN NŒUD (en millimètres).
Canons de 27° et de 24°................	2 à 7 inclusivement....	2,0
	7 à 21................	2,5
	21 à 30................	3,0
Canon de 19°....................	2 à 7...............	2,0
	7 à 24...............	2,5
	24 à 30...............	3,0
Canon de 16°....................	2 à 12...............	2,0
	12 à 24...............	2,5
	24 à 30...............	3,0
Canon de 14°....................	2 à 8...............	1,5
	8 à 23...............	2,0
	23 à 28...............	2,5

CORRECTION DE LA VITESSE DU BÂTIMENT. — Cette correction es également donnée par la table précédente; le cran de mire doit être déplacé dans le sens inverse de la marche du bâtiment.

(1) Cette table est applicable toutes les fois que l'obliquité ne dépasse pas 30 degrés. Une vitesse de un nœud est la vitesse nécessaire pour que le chemin parcouru pendant une heure soit un mille marin (de 1851 mètres).

TABLES DE TIR (1).

CANON DE 14° RAYÉ, MODÈLE 1864.

Distance des points de mire............................ [illegible]

Angle de relèvement .... [illegible]

Longueur du bouchon en algue.......................... [illegible]

Poids de l'obus oblong................................. [illegible]

Poids de la charge..................................... [illegible]

Vitesse initiale....................................... [illegible]

Valeur de 10^{10} K................................... [illegible] $+ 6{,}54 \sin{}$ long [illegible]

Valeur de h.. [illegible]

É. art moyen des vitesses.............................. [illegible]

OBUS OBLONGS.

INCLI-NAISONS.	PORTÉES.	DÉRI-VATIONS.	ÉCARTS MOYENS		DURÉES de TRAJET.
			EN DIRECTION.	EN PORTÉE.	
° ′	mètres.	mètres.	mètres.	mètres.	secondes.
0 20	100	0,02			
0 41	200	0,08			
1 2	300	0,18			
1 23	400	0,33			
1 45	500	0,53	0,72	23,9	1,8
2 7	600	0,77			
2 29	700	1,07			
2 52	800	1,42			
3 15	900	1,82			
3 39	1000	2,29	1,50	24,6	3,7
4 3	1100	2,83			
4 27	1200	3,42			
4 52	1300	4,09			
5 17	1400	4,82			
5 43	1500	5,63	2,35	26,0	5,7
6 9	1600	6,52			
6 35	1700	7,49			
7 2	1800	8,54			
7 30	1900	9,68			
7 58	2000	10,90	3,27	28,0	7,8

(1) Les tables données dans ce chapitre se rapportent seulement au tir de combat ; celles qui sont en usage pour le tir d'exercice des projectiles de rupture de 24° et de 27° n'ont pas été reproduites : on les trouvera dans l'*Aide-mémoire d'artillerie navale*. 3° livraison de 1873.

INCLINAISONS.	PORTÉES.	DÉRIVATIONS.	ÉGARTS MOYENS		DURÉES de TRAJET.
			EN DIRECTION.	EN PORTÉE.	
° ′	mètres.	mètres.	mètres.	mètres.	secondes.
8 26	2100	12,2			
8 55	2200	13,7			
9 25	2300	15,2			
9 55	2400	16,9			
10 25	2500	18,7	4,28	30,5	10,1
10 57	2600	20,5			
11 29	2700	22,5			
12 1	2800	24,7			
12 35	2900	27,0			
13 10	3000	29,5	3,40	33,7	12,6
13 45	3100	32,1			
14 21	3200	34,9			
14 58	3300	37,9			
15 36	3400	41,2			
16 16	3500	44,6	6,60	37,5	15,3
16 56	3600	48,2			
17 38	3700	52,2			
18 21	3800	56,4			
19 6	3900	60,9			
19 52	4000	65,7	8,0	42,0	18,3
20 41	4100	70,9			
21 32	4200	76,6			
22 25	4300	82,7			
23 21	4400	89,4			
24 21	4500	96,8	9,8	47,0	21,8
25 25	4600	104,7			
26 33	4700	113,6			
27 48	4800	123,7			
29 11	4900	135,2			
30 45	5000	148,7	12,1	55,0	26,3
32 37	5100	165,2			
34 57	5200	186,6			

DISTANCES.	HAUSSES.	DÉRIVES.	DISTANCES.	HAUSSES.	DÉRIVES.
mètres.	millim.	millim.	mètres.	millim.	millim.
200	8,8	0,4	2800	192,7	8,2
400	19,9	0,8	3000	211,8	9,2
600	31,6	1,2			
800	43,7	1,6	3200	231,8	10,3
1000	56,1	2,1	3400	253,3	11,5
			3600	276,3	12,8
			3800	301,3	14,3
1200	69,0	2,6	4000	328,4	16,0
1400	82,5	3,2			
1600	96,4	3,8	4200	358,6	17,9
1800	110,8	4,4	4400	392,8	20,2
2000	125,8	5,0	4600	432,2	23,0
			4800	479,9	26,6
2200	141,4	5,8	5000	541,7	31,6
2400	157,7	6,5			
2600	174,8	7,3	5200	636,5	40,0

CANON DE 16ᵉ RAYÉ, MODÈLE 1864.

Distance des points de mire............................. 1500ᵐⁱˡˡ
Angle de relèvement................................. 13′
Longueur du bouchon en algue......................... 110ᵐⁱˡˡ

ÉLÉMENTS PRINCIPAUX.	OBUS OBLONGS.	BOULETS OGIVAUX.	BOULETS CYLINDRIQUES.
Poids du projectile......................	31^k,490	45^k,000	45^k,000
Poids de la charge de tir.................	5^k,000	7^k,500	7^k,500
Diamètre du mandrin de la gargousse........	150^{mill}	150^{mill}	150^{mill}
Vitesse initiale..........................	365^m	345^m	345^m
Valeur de 10^{10} K......................	7,898	7,265	"
Valeur de h.............................	0,0073	0,0049	"
Écart angulaire initial moyen en direction, ε.....	3′30″	"	"
Écart moyen des vitesses, δ.........	0^m,62	"	"

1° OBUS OBLONGS.

INCLI- NAISONS.	PORTÉES.	DÉRI- VATIONS.	ÉCARTS MOYENS		DURÉES de TRAJET.
			EN DIRECTION.	EN PORTÉE.	
degrés.	mètres.	mètres.	mètres.	mètres.	secondes.
0	102	0	0,1	27	
1	545	0,4	0,6	28	
2	953	1,5	1,1	28	
3	1333	3,1	1,6	28	
4	1690	5,3	2,0	28	
5	2026	8,0	2,5	28	6,4
6	2343	11,4	3,0	28	
7	2645	15,3	3,5	29	
8	2933	19,9	4,0	29	
9	3206	25,0	4,4	30	
10	3469	30,6	4,9	30	12,2
11	3715	36,7	5,4	31	
12	3959	43,5	5,9	31	
13	4189	50,8	6,3	32	
14	4409	58,8	6,8	32	
15	4619	67,0	7,3	33	17,4

| INCLI- NAISONS. | PORTÉES. | DÉRI- VATIONS. | ÉCARTS MOYENS | | DURÉES de |
			EN DIRECTION.	EN PORTÉE.	TRAJET.
degrés.	mètres.	mètres.	mètres.	mètres.	secondes.
16	4823	75,8	7,7	34	
17	5017	85,2	8,2	35	
18	5202	95,0	8,6	35	
19	5380	105,4	9,1	36	
20	5550	116,1	9,6	37	22,6
21	5712	127,4	10,0	37	
22	5866	139,0	10,5	38	
23	6014	151,1	10,9	39	
24	6154	163,6	11,3	39	
25	6287	176,5	11,8	40	27,5
26	6413	189,8	12,2	40	
27	6533	203,4	12,6	41	
28	6645	217,4	13,0	41	
29	6750	231,7	13,5	42	
30	6848	246,3	13,7	42	32,2
31	6940	261,2	14,0	43	
32	7025	276,4	14,6	43	
33	7105	291,9	15,2	44	
34	7177	307,5	15,5	44	
35	7244	323,4	15,9	44	36,7

DISTANCES.	HAUSSES.	DÉRIVES.	DISTANCES.	HAUSSES.	DÉRIVES.
mètres.	millim.	millim.	mètres.	millim.	millim.
200	4,9	0,1	2200	126,3	5,6
400	15,1	0,4	2400	141,1	6,4
600	25,7	0,8	2600	156,3	7,2
800	36,8	1,3	2800	172,2	8,2
1000	48,2	1,6	3000	188,4	9,1
1200	60,2	2,3	3200	205,5	10,2
1400	72,4	2,9	3400	223,1	11,3
1600	85,0	3,5	3600	241,0	12,4
1800	98,4	4,2	3800	260,5	13,6
2000	112,0	4,8	4000	280,4	15,0

DISTANCES.	HAUSSES.	DÉRIVES.	DISTANCES.	HAUSSES.	DÉRIVES.
mètres.	millim.	millim.	mètres.	millim.	millim.
4200	301,3	16,3	6000	549,2	35,3
4400	323,0	17,8			
4600	345,9	19,3	6200	588,0	38,7
4800	370,0	21,0	6400	631,7	42,5
5000	395,2	22,9	6600	679,4	47,0
			6800	735,3	52,4
5200	422,1	25,0	7000	802,2	59,2
5400	450,5	27,2			
5600	481,0	29,6	7200	887,4	68,3
5800	513,6	32,2			

2° BOULETS OGIVAUX OU CYLINDRIQUES.

DISTANCES.	HAUSSES.	DÉRIVES.	DISTANCES.	HAUSSES.	DÉRIVES.
mètres.	millim.	millim.	mètres.	millim.	millim.
100	0,5	0,0	600	29,0	0,9
200	6,0	0,0	700	35,0	1,0
300	11,6	0,4	800	41,0	1,2
400	17,3	0,6	900	47,2	1,3
500	23,1	0,7	1000	53,5	1,5

CANON DE 19ᵉ RAYÉ, MODÈLE 1864.

Distance des points de mire........................... 1460 mill.
Angle de relèvement .... 13'
Longueur du bouchon en algue........................ 190 mill.

ÉLÉMENTS PRINCIPAUX.	OBUS OBLONGS.	BOULETS OGIVAUX.	BOULETS CYLINDRIQUES.
Poids du projectile......................	52ᵏ,250	75ᵏ,000	75ᵏ,000
Poids de la charge de Cr.................	8ᵏ,000	12ᵏ,500	12ᵏ,500
Diamètre du mandrin de l'égargousse......	160ᵐⁱˡˡ	176ᵐⁱˡˡ	176ᵐⁱˡˡ
Vitesse initiale.........................	356ᵐ	344ᵐ	344ᵐ
Valeur de 10^{10} K....................	8,386	6.062	
Valeur de h...........................	0,0073	0,0049	»
Écart initial moyen en direction, ε........	3'12"		
Écart moyen des vitesses, δ...............	0ᵐ,6	»	»

1ᵒ OBUS OBLONGS.

INCLINAISONS.	PORTÉES.	DÉRIVATIONS.	ÉCARTS MOYENS		DURÉES de TRAJET.
			EN DIRECTION.	EN PORTÉES.	
degrés.	mètres.	mètres.	mètres.	mètres.	secondes.
0	96	0	0,1	24	
1	519	0,4	0,5	24	
2	910	1,4	0,9	24	
3	1275	2,9	1,3	24	
4	1616	5,0	1,8	24	
5	1939	7,6	2,2	25	6,8
6	2245	10,8	2,6	25	
7	2536	14,6	3,0	26	
8	2813	18,9	3,4	26	
9	3078	23,7	3,9	27	
10	3331	29,1	4,3	27	11,2
11	3573	33,0	4,7	28	
12	3805	41,4	5,1	28	
13	4027	48,4	5,5	29	
14	4240	55,8	5,9	30	
15	4414	63,7	6,3	30	17,0
16	4640	72,2	6,7	31	

INCLI- NAISONS.	PORTÉES.	DÉRI- VATIONS.	ÉCARTS MOYENS		DURÉES du TRAJET.
			EN DIRECTION.	EN PORTÉE.	
degrés.	mètres.	mètres.	mètres.	mètres.	secondes.
17	4828	81,0	7,1	32	
18	5008	90,4	7,5	32	
19	5180	100,2	7,9	33	
20	5344	110,5	8,3	34	22,0
21	5501	121,2	8,7	34	
22	5651	132,3	9,1	35	
23	5793	143,8	9,5	36	
24	5929	155,6	9,9	36	
25	6059	167,9	10,2	37	26,9
26	6180	180,6	10,6	37	
27	6296	193,5	11,0	38	
28	6405	206,8	11,3	38	
29	6507	220,4	11,7	39	
30	6603	234,3	12,	39	31,6
31	6692	248,5	12,5	40	
32	6776	262,9	12,8	40	
33	6852	277,7	13,2	41	
34	6922	292,5	13,5	41	
35	6986	307,6	13,9	42	35,9

DISTANCES.	HAUSSES.	DÉRIVES.	DISTANCES.	HAUSSES.	DÉRIVES.
mètres.	millim.	millim.	mètres.	millim.	millim.
200	6	0,3	2400	160	7,5
400	17	0,8	2600	178	8,4
600	29	1,3	2800	196	9,4
800	42	1,8	3000	211	10,5
1000	55	2,4			
			3200	234	11,7
1200	68	3,0	3400	254	12,9
1400	82	3,6	3600	275	14,2
1600	96	4,3	3800	297	15,6
1800	111	5,0	4000	320	17,1
2000	127	5,8			
			4200	344	18,7
2200	143	6,6	4400	369	20,5

DISTANCES.	HAUSSES.	DÉRIVES.	DISTANCES.	HAUSSES.	DÉRIVES.
mètres.	millim.	millim.	mètres.	millim.	millim.
4600	396	22,3	6000	639	41,6
4800	424	24,4			
5000	454	26,5	6200	688	45,9
			6400	743	51,0
5200	485	29,0	6600	807	57,3
5400	519	31,6	6800	886	63,2
5600	556	34,5	7000	989	76,2
5800	596	37,9			

2° BOULETS OGIVAUX (1).

DISTANCES.	HAUSSES.	DÉRIVES.	DISTANCES.	HAUSSES.	DÉRIVES.
mètres.	millim.	millim.	mètres.	millim.	millim.
100	0,5	0,1	1000	56,9	1,6
200	6,4	0,3			
300	12,5	0,4	1100	63,7	1,8
400	18,6	0,6	1200	70,5	2,0
500	24,8	0,7	1300	77,4	2,2
600	31,0	0,9	1400	84,4	2,4
700	37,4	1,1	1500	91,5	2,6
800	43,8	1,2	1600	98,6	2,8
900	50,3	1,4			

(1) Cette table sert aussi pour les boulets cylindriques.

9

CANON DE 24° RAYÉ, MODÈLE 1864.

Distance des points de mire.................................... 1600 ^{mill}
Angle de relèvement... 13′
Longueur du bouchon en algue.............................. 210 ^{mill}

ÉLÉMENTS PRINCIPAUX.	OBUS OBLONGS.	BOULETS OGIVAUX.	BOULETS CYLINDRIQUES.
Poids du projectile.......................	100^k,000	144^k,000	144^k,000
Poids de la charge de combat (1)............	16^k,000	24^k,000	24^k,000
Diamètre du mandrin de la gargousse........	213 ^{mill}	220^{mill}	220^{mill}
Vitesse initiale...........................	362^m	340^m	340^m
Valeur de 10^{10} K.......................	5,545	4,276	9,791
Valeur de h...............................	0,00730	0,00432	″
Écart angulaire initial moyen en direction ε......	4′	4′	5′
Écart moyen des vitesses δ....................	1^m,1	1^m,1	1^m,1

1° OBUS OBLONGS.

INCLI-NAISONS.	PORTÉES.	DÉRI-VATIONS.	ÉCARTS MOYENS		DURÉES du TRAJET.
			EN DIRECTION.	EN PORTÉE.	
degrés.	mètres.	mètres.	mètres.	mètres.	secondes.
0	100	0	0,1	31	
1	536	0,3	0,7	31	1,51
2	955	2	1,2	31	
3	1356	3	1,7	32	
4	1739	5	2,3	33	
5	2104	8	2,8	34	6,40
6	2451	12	3,3	35	
7	2785	16	3,9	36	
8	3106	20	4,4	38	
9	3410	25	5,0	39	
10	3705	30	5,5	41	12,19
11	3986	37	6,0	42	
12	4257	44	6,6	44	
13	4518	51	7,1	45	

(1) Pour le tir d'exercice des projectiles de rupture, on emploie la charge de 16^k,000 ; la vitesse initiale est alors de 300^m ; les tables de tir correspondantes sont données dans l'*Aide-mémoire d'artillerie navale*, 3° livraison de 1873.

INCLI-NAISONS.	PORTÉES.	DÉRI-VATIONS.	ÉCARTS MOYENS		DURÉES du TRAJET.
			EN DIRECTION.	EN PORTÉE.	
degrés.	mètres.	mètres.	mètres.	mètres.	secondes.
14	4770	58	7,6	47	
15	5012	66	8,1	49	17,70
16	5244	75	8,7	51	
17	5467	84	9,2	53	
18	5681	93	9,7	55	
19	5886	103	10,2	56	
20	6082	114	10,7	58	22,99
21	6268	126	11,2	60	
22	6447	138	11,7	62	
23	6618	150	12,2	63	
24	6780	162	12,7	65	
25	6937	174	13,2	66	28,02
26	7086	187	13,7	68	
27	7226	200	14,2	69	
28	7357	214	14,7	70	
29	7479	228	15,1	72	
30	7593	242	15,6	73	32,85
31	7699	256	16,1	74	
32	7798	271	16,5	75	
33	7890	286	17,0	76	
34	7976	302	17,4	77	
35	8056	318	17,9	78	37

DISTANCES.	HAUSSES.	DÉRIVES.	DISTANCES.	HAUSSES.	DÉRIVES.
mètres.	millim.	millim.	mètres.	millim.	millim.
200	6	0,4	1800	116	4,9
400	19	0,9	2000	131	5,6
600	31	1,4			
800	45	1,9	2200	147	6,4
1000	58	2,5	2400	164	7,1
			2600	180	7,9
1200	72	3,0	2800	198	8,8
1400	86	3,6	3000	215	9,7
1600	101	4,3			
			3200	233	11

DISTANCES.	HAUSSES.	DÉRIVES.	DISTANCES.	HAUSSES.	DÉRIVES.
mètres.	millim.	millim.	mètres.	millim.	millim.
3400	252	12	5800	538	29
3600	272	13	6000	569	31
3800	291	14			
4000	312	15	6200	602	33
			6400	637	36
4200	333	16	6600	673	39
4400	356	17	6800	716	42
4600	379	19	7000	761	45
4800	402	20			
5000	427	22	7200	809	49
			7400	864	54
5200	453	23	7600	926	59
5400	480	25	7800	999	66
5600	508	27	8000	1090	74

2° BOULETS OGIVAUX.

INCLI-NAISONS.	PORTÉES.	DÉRI-VATIONS.	ÉCARTS MOYENS		DURÉES du TRAJET.
			EN DIRECTION.	EN PORTÉE.	
degrés.	mètres.	mètres.	mètres.	mètres.	secondes.
0	89	0,0	0,1	27	
1	489	0,2	0,6	27	
2	873	0,8	1,0	27	2,67
3	1244	1,6	1,5	28	
4	1601	2,7	2,0	29	5,07

DISTANCES.	HAUSSES.	DÉRIVES.	DISTANCES.	HAUSSES.	DÉRIVES.
mètres.	millim.	millim.	mètres.	millim.	millim.
100	0,8	0,1	900	57,9	1,4
200	7,7	0,3	1000	65,3	1,6
300	14,6	0,5	1100	72,9	1,8
400	21,6	0,6	1200	80,5	2,0
500	28,7	0,7	1300	88,2	2,2
600	35,9	0,9	1400	96,0	2,4
700	43,2	1,1	1500	103,8	2,6
800	50,5	1,3			

3° BOULETS CYLINDRIQUES.

INCLI-NAISONS.	PORTÉES.	ÉCARTS MOYENS		DURÉES du TRAJET.
		EN DIRECTION.	EN PORTÉE.	
degrés.	mètres.	mètres.	mètres.	secondes.
0	88	0,1	34	
1	475	0,7	34	
2	832	1,3	34	2,66
3	1166	1,9	35	
4	1480	2,5	35	
5	1777	3,1	36	6,23

DISTANCES.	HAUSSES.	DISTANCES.	HAUSSES.
mètres.	millim.	mètres.	millim.
100	0,8	900	61,4
200	7,8	1000	69,7
300	1,50	1100	78,1
400	22,3	1200	86,8
500	29,8	1300	95,6
600	37,5	1400	104,5
700	45,3	1500	113,7
800	53,3		

CANON DE 27ᶜ RAYÉ, MODELE 1864.

Distance des points de mire...................................... 1625ᵐⁱˡ (1)
Angle de relèvement.. 0° 0′
Longueur du bouchon en algue 250ᵐⁱˡ

ÉLÉMENTS PRINCIPAUX.	OBUS OBLONGS.	BOULETS OGIVAUX.	BOULETS CYLINDRIQUES.
Poids du projectile...........................	144ᵏ,000	216ᵏ,000	216ᵏ,000
Poids de la charge de combat (2)...............	24ᵏ,000	36ᵏ,000	36ᵏ,000
Diamètre du mandrin de la gargousse...........	250ᵐⁱˡˡ	250ᵐⁱˡˡ	250ᵐⁱˡˡ
Vitesse initiale..............................	362ᵐ	331ᵐ	331ᵐ
Valeur de 10^{10} K.........................	5,201	2,054	11,214
Valeur de h.................................	0,00693	0,00591	"
Écart angulaire initial moyen, ε..	4′	4′	5′
Écart moyen des vitesses, δ............	1ᵐ,1	1ᵐ,1	1ᵐ,1

1° OBUS OBLONGS.

INCLI-NAISONS.	PORTÉES.	DÉRI-VATIONS.	ÉCARTS MOYENS		DURÉES de TRAJET.
			EN DIRECTION.	EN PORTÉE.	
degrés.	mètres.	mètres.	mètres.	mètres.	secondes.
1	452	0,28	0,54	31	
2	879	1,10	1,1	31,5	
3	1284	2,49	1,6	32	
4	1669	4,42	2,2	33	
5	2037	6,90	2,7	34	6,4

(1) La distance des points de mire est de 1625ᵐⁱˡˡ pour les canons en service à terre. Elle a été portée à 2040ᵐⁱˡˡ pour tous les canons destinés à être embarqués à bord de la flotte ; les tables de hausses correspondantes ne sont pas reproduites ici : elles se trouvent dans l'*Aide-mémoire d'artillerie navale*, 3ᵉ livraison de 1873.

(2) Pour le tir d'exercice des projectiles de rupture, on emploie la charge de 24ᵏ,000 : la vitesse initiale est alors de 294ᵐ ; les tables de tir correspondantes sont données dans l'*Aide-mémoire d'artillerie navale*, 3ᵉ livraison de 1878.

INCLINAISONS.	PORTÉES.	DÉRIVATIONS.	ÉCARTS MOYENS		DURÉES de TRAJET.
			EN DIRECTION.	EN PORTÉE.	
degrés.	mètres.	mètres.	mètres.	mètres.	secondes.
6	2388	9,9	3,2	35	
7	2725	13,5	3,8	36	
8	3048	17,6	4,3	37,5	
9	3359	22,2	4,8	39	
10	3657	27,4	5,4	40,4	12,6
11	3944	33,1	5,9	42	
12	4219	39,3	6,5	44	
13	4485	46,0	7,0	45,5	
14	4740	53,1	7,5	47	
15	4985	60,8	8,0	49	18,8
16	5220	69,0	8,5	51	
17	5447	77,6	9	52,5	
18	5664	86,7	9,6	54,3	
19	5873	96,2	10	56	
20	6072	106	10,5	58	24,8
21	6263	117	11	59,5	
22	6446	127	11,5	61	
23	6620	139	12	63	
24	6789	150	12,5	64,4	
25	6945	162	13	66	30,5
26	7094	174	13,5	67,4	
27	7236	187	14	69	
28	7370	200	14,5	70	
29	7497	213	15	71,5	
30	7616	227	15,5	73	36,1
31	7725	241	16	74	
32	7828	255	16,5	75	
33	7920	269	17	76	
34	8010	284	17,5	77	
35	8090	299	18	78	41,4

DISTANCES.	HAUSSES.	DÉRIVES.	DISTANCES.	HAUSSES.	DÉRIVES.
mètres.	millim.	millim.	mètres.	millim.	millim.
200	12,3	0,4	1200	79,2	2,0
400	25,0	0,8	1400	93,6	3,5
600	38,0	1,3	1600	108	4,1
800	51,4	1,8	1800	122	4,7
1000	65,1	2,4	2000	130	5,3

DISTANCES.	HAUSSES.	DÉRIVES.	DISTANCES.	HAUSSES.	DÉRIVES.
mètres.	millim.	millim.	mètres.	millim.	millim.
2200	155	6,1	5200	463	22,2
2400	172	6,8	5400	490	23,8
2600	189	7,6	5600	519	25,6
2800	206	8,4	5800	548	27,5
3000	224	9,3	6000	580	29,5
3200	242	10,2	6200	613	31,7
3400	261	11,1	6400	648	34,1
3600	281	12,1	6600	686	36,7
3800	301	13,1	6800	726	39,6
4000	322	14,2	7000	770	42,8
4200	343	15,4	7200	819	46,4
4400	366	16,6	7400	872	50,6
4600	389	17,8	7600	933	55,5
4800	413	19,2	7800	1004	61,5
5000	437	20,7	8000	1091	69,0

2° BOULETS OGIVAUX.

INCLI-NAISONS.	PORTÉES.	DÉRI-VATIONS.	ÉCARTS MOYENS		DURÉES de TRAJET.
			EN DIRECTION.	EN PORTÉE.	
degrés.	mètres.	mètres.	mètres.	mètres.	secondes.
1	384	0,2	0,45	26,1	
2	763	0,8	0,9	26,4	
3	1136	1,8	1,4	27,0	3,6
4	1502	3,1	1,8	27,7	
5	1863	4,9	2,3	28,7	
6	2207	7,1	2,7	29,8	7,6

DISTANCES.	HAUSSES.	DÉRIVES.	DISTANCES.	HAUSSES.	DÉRIVES.
mètres.	millim.	millim.	mètres.	millim.	millim.
100	7,3	0,2	1100	82,2	2,4
200	14,6	0,4	1200	89,9	2,7
300	22,0	0,6	1300	97,7	2,9
400	29,4	0,9	1400	105,5	3,2
500	36,8	1,1	1500	113,4	3,4
600	44,3	1,3	1600	121,3	3,6
700	51,8	1,5	1700	129,2	3,9
800	59,3	1,7	1800	137,2	4,1
900	66,9	2,0	1900	145,3	4,4
1000	74,5	2,2	2000	153,4	4,7

3° BOULETS CYLINDRIQUES.

INCLI-NAISONS.	PORTÉES.	ÉCARTS MOYENS		DURÉES de TRAJET.
		EN DIRECTION.	EN PORTÉE.	
degrés.	mètres.	mètres.	mètres.	secondes.
1	372	0,56	32,1	.
2	716	1,12	32,3	
3	1025	1,7	32,7	3,4
4	1335	2,2	33,3	
5	1618	2,8	34,0	
6	1885	3,3	34,9	6,7
7	2140	3,9	35,8	

DISTANCES.	HAUSSES.	DISTANCES.	HAUSSES.	DISTANCES.	HAUSSES.
mètres.	millim.	mètres.	millim.	mètres.	millim.
100	7,4	800	64,0	1500	130,0
200	14,9	900	72,9	1600	140,3
300	22,6	1000	81,9	1700	150,8
400	30,5	1100	91,1	1800	161,5
500	38,6	1200	100,5	1900	172,4
600	46,0	1300	110,2	2000	183,6
700	55,4	1400	120,0		

TROISIÈME PARTIE.

ARTILLERIE MODÈLE 1870.

Aussitôt après la mise en service des bouches à feu modèle 1864, l'artillerie de la marine entreprit de nouvelles études en vue de perfectionner ce matériel.

Les principes sur lesquels furent basées les recherches sont :

1° Le *tubage*, qui accroît la résistance des canons ;

2° L'usage des *poudres lentes*, qui permet d'utiliser convenablement cet accroissement de résistance ;

3° L'emploi de projectiles se forçant dans l'âme et donnant une *obturation complète*.

Après de nombreuses expériences (1), on s'arrêta au système 1870, dont les caractères communs avec le système 1864 sont les suivants :

Corps de canon en fonte ;

Frettage en acier puddlé ;

Mêmes calibres ; le système de 1870 comporte en plus un très-fort calibre (celui de 32ᶜ) et un faible calibre (celui de 10ᶜ) ;

Chargement par la culasse ;

Fermeture à vis et à charnière ;

Rayures paraboliques ;

Mêmes boulets de rupture, sauf en ce qui concerne le montage.

Les caractères essentiels qui distinguent le système 1870 de celui de 1864 sont :

Une plus grande longueur d'âme ;

Addition d'un tube intérieur en acier trempé ;

Rayures nombreuses et peu profondes ;

Obturateur fixe, en cuivre ;

---

(1) Voir le *Mémorial de l'artillerie de la marine*, livraisons de 1873 et 1874.

Canal de lumière permettant l'inflammation centrale et l'emploi d'une étoupille obturatrice ;

Obus oblongs, dits allongés, plus lourds et contenant une forte charge intérieure ;

Ceinture de cuivre, qui sert à communiquer le mouvement de rotation et fait obturation à l'arrière du projectile ;

Charges plus fortes ;

Emploi de poudres à gros grains et à combustion lente.

On va indiquer sommairement les principales dispositions nouvelles adoptées pour les bouches à feu modèle 1870.

TUBAGE. — On a donné à l'âme une longueur plus grande que dans les canons modèle 1864, afin d'utiliser convenablement la force expansive des gaz provenant de la combustion lente des poudres à gros grains.

Le corps du canon, en fonte, est fretté ; en outre, il est tubé.

Le tube est d'une seule pièce, en acier trempé à l'huile ; sa partie postérieure, filetée extérieurement, se visse dans la culasse en fonte.

A l'intérieur, le tube comprend le logement de la vis de culasse avec ses filets interrompus, le logement d'obturateur, de forme légèrement tronconique, et la chambre à poudre. Il se prolonge jusqu'en avant des tourillons ; la longueur totale du tube est à peu près celle du frettage.

RAYURES. — Les rayures sont nombreuses et peu profondes ; elles sont séparées par des cloisons saillantes et étroites, qui, pénétrant dans la ceinture-arrière du projectile, servent à donner le mouvement de rotation.

Pour chaque calibre, le nombre des rayures est pair et égal au nombre de centimètres qui exprime le calibre, ou à ce nombre plus un.

Les rayures ont des génératrices à développement parabolique ; l'inclinaison finale à la bouche est de 4 degrés. Leur profil se compose du fond, qui est un arc de cercle concentrique à l'âme, et de deux arcs de cercle de chaque côté.

Obturateur. — L'obturateur (en cuivre rouge) est dit *fixe*, parce qu'il reste en permanence dans son logement.

Il se compose d'une *couronne* épaisse, en cuivre rouge, percée d'un *trou central* à travers lequel on introduit la charge. Le *fond*, qui est plan et porte des stries circulaires, s'appuie sur un anneau de cuivre enchâssé dans la rondelle; le *pourtour*, tronconique, s'applique sur la paroi du logement; la *gouttière*, surface concave dont le profil est en arc de cercle, réunit le biseau des bords à l'arête du trou central.

En raison de la fixité de l'obturateur, la manœuvre de la culasse est facile et se fait presque toujours à la main; on a vu qu'en effet les difficultés de manœuvre, si fréquentes dans les bouches à feu modèle 1864, provenaient généralement d'un échauffement exagéré ou d'une déformation de l'obturateur.

La visite et le nettoyage pendant le chargement n'exigent plus autant de soins: il suffit de nettoyer la face antérieure de la rondelle, et d'essuyer le fond de l'obturateur.

S'il y a des fuites, elle se produisent toujours sur le fond de l'obturateur, et jamais sur le pourtour; les dégradations qui en résultent ne peuvent atteindre le logement; dans le cas le plus défavorable, elles nécessitent le remplacement de l'obturateur et de son anneau d'appui, et non plus la mise hors de service de la bouche à feu.

Fermeture de culasse. — L'appareil de fermeture ne diffère de celui des bouches à feu modèle 1864 que par la rondelle.

Cette dernière porte, enchâssé sur sa face antérieure, un anneau en cuivre contre lequel s'appuie le fond de l'obturateur. Des stries ménagées sur la surface de cet anneau sont destinées, comme celles de l'obturateur, à empêcher les fuites de gaz de se propager suivant un rayon.

Un petit goujon, fixé sur la face postérieure de la rondelle et pénétrant dans la tête de la vis de culasse, empêche cette rondelle de prendre un mouvement de rotation indépendant comme dans le système 1864.

Lumière. — Le canal de lumière est percé dans l'axe de la vis de culasse.

On met le feu au moyen d'une *étoupille obturatrice;* cette dernière, encore en expérience, empêchera les dégradations du canal, qui étaient promptement amenées par l'écoulement des gaz à forte pression.

Projectiles. — Les projectiles sont de quatre sortes :

1° Des *boîtes à mitraille,* les mêmes que pour le système 1864.

2° Des *obus oblongs ordinaires* (en fonte ordinaire), de même poids que ceux du système 1864, et pesant deux fois le poids du boulet rond de même calibre.

3° Des *obus oblongs allongés* (en fonte ordinaire), plus longs et plus lourds que ceux du système 1864; ils contiennent une forte charge intérieure, et pèsent deux fois et demie le poids du boulet rond de même calibre.

4° Des *projectiles de rupture* (en acier ou en fonte), de même forme et de même poids que ceux du système 1864; ils pèsent trois fois plus que le boulet rond de même calibre; les boulets cylindriques n'existent que pour les plus gros calibres (24ᶜ, 27ᶜ et 32ᶜ).

Tous ces projectiles, sauf les boîtes à mitraille, ont un montage qui se compose de deux couronnes, l'une à l'avant, l'autre à l'arrière.

La *couronne d'avant* (en zinc ou quelquefois venue de fonte) est simplement destinée à empêcher les battements; elle donne un appui à la partie antérieure du projectile et ne s'engage pas dans les rayures.

La *couronne d'arrière* est en cuivre rouge; elle sert : 1° à donner le mouvement de rotation, 2° à produire l'obturation en arrière du projectile.

Pendant les premiers instants de la translation, les cloisons découpent cette couronne suivant un profil dentelé dont les saillies remplissent les rayures; le forcement complet dans l'âme produit l'obturation.

Par suite de la suppression du vent, il n'y a plus de déperdition des gaz; le travail de ceux-ci est mieux utilisé, et l'on n'a plus à craindre les dégradations résultant de l'écoulement à haute pression.

Charges et gargousses. — Les charges, renfermées dans des gargousses en papier parchemin, sont en poudre de Wetteren.

Cette poudre se compose de grains cubiques irréguliers, à sa surface légèrement désalpêtrée, ayant une densité moyenne de 1,78.

Elle est à combustion lente : comparée à la poudre ordinaire, elle donne, à égalité d'effets, des pressions moins considérables ; elle fatigue moins la bouche à feu et surtout l'appareil de fermeture ; mais elle produit des dégradations plus graves sur les parois de l'âme, si les gaz de la combustion peuvent s'écouler autour du projectile.

Par suite de la lenteur de déflagration des grains de poudre de Wetteren, les réactions du tir sont beaucoup moins brusques et moins violentes ; aussi les bouches à feu modèle 1870, malgré leurs fortes charges, peuvent-elles se placer sur les affûts des canons modèle 1864 : l'expérience a démontré que ces affûts avaient une résistance plus que suffisante ; les freins seuls ont été modifiés de manière à donner des frottements plus énergiques.

Résultats balistiques. — Au point de vue balistique, les bouches à feu modèle 1870 ont sur celles du système 1864 une supériorité très-marquée :

Les vitesses initiales sont plus grandes : Pour les projectiles de rupture, qui ont le même poids dans les deux systèmes, la différence des vitesses initiales est d'environ 100 mètres ; elle est plus grande encore dans le tir des obus oblongs modèle 1864 et des obus allongés modèle 1870 ; ces derniers sont pourtant notablement plus lourds que les premiers.

Les portées sont plus considérables : Pour les obus ordinaires, elles sont supérieures de 1/5 à celles qu'on obtenait avec le système 1864.

On a plus de justesse : Dans le tir des obus allongés modèle 1870, comparé à celui des obus oblongs modèle 1864, les écarts en direction sont trois fois plus petits ; les écarts en portée sont inférieurs de plus de moitié.

Les effets de rupture sont accrus : Les effets destructeurs sur les murailles cuirassées ont été augmentés dans la proportion de 2 à 3 environ.

PRIX DE REVIENT. — Le matériel du système 1870 se prête à une construction facile et rapide, pour laquelle suffisent les ressources de l'industrie nationale.

Aussi puissant que ceux des artilleries étrangères, il est beaucoup moins coûteux : le kilogramme revient seulement à 1 fr. 27 cent.

Données principales de l'artillerie modèle 1870.

ARTILLERIE MODÈLE 1870 (1).		CANONS					
		DE 14ᶜ.	DE 16ᶜ.	DE 19ᶜ.	DE 24ᶜ. (2)	DE 27ᵉ.	DE 32ᵉ. (3)
		kilog.	kilog.	kilog.	kilog.	kilog.	kilog.
Poids de la bouche à feu		2600	5100	8000	14600	22950	35000
Poids de la charge (la même pour tous les projectiles)		4,000	9,000	15,000	28,000	41,000	63,000
Obus oblong ordinaire	Poids total (chargement compris)	18,650	31,500	52,250	100,000	144,000	"
	Charge intérieure	0,955	1,300	2,150	4,200	7,626	"
Obus oblong allongé	Poids total	21,000	38,250	62,500	120,000	180,000	286,500
	Charge intérieure	1,300	2,100	3,800	8,000	10,930	17,300
		mètres.	mètres.	mètres.	mètres.	mètres.	mètres.
Vitesse initiale	de l'obus oblong ordinaire	475	539	526	509	"	"
	de l'obus oblong allongé	455	496,5	493	474	468	457
Portées probables à 45 degrés	de l'obus oblong ordinaire	7400	"	9000	10600	"	"
	de l'obus allongé	7800	"	9200	11000	12800	12640
			kilog.	kilog.	kilog.	kilog.	kilog.
Poids du projectile de rupture		"	45	75	144	216	350
			mètres.	mètres.	mètres.	mètres.	mètres.
Vitesse initiale du projectile de rupture		"	464	451	436	432	418
Vitesses restantes du boulet ogival	à 500 mètres	"	"	417	406,7	410	399
	à 1000 mètres	"	"	388	379,8	390	382
	à 1500 mètres	"	"	363	358,5	"	"
	à 2000 mètres	"	"	341	342,7	"	"
	à 2500 mètres	"	"	"	329,6	"	"

(1) Le matériel du système 1870 étant encore en expérience, les chiffres donnés pourront être légèrement modifiés dans la suite, surtout en ce qui concerne les calibres de 16ᶜ, de 27ᵉ et de 32ᶜ.

Un canon du calibre de 10ᶜ est en projet : il est en acier, tubé et fretté ; poids de la bouche à feu, 1240 kilogr. ; poids du projectile, 12 kilogr.

(2) On essaye un canon de 24ᶜ, plus long, dont le poids sera d'environ 15500 kilogr.

(3) On portera le poids du canon de 32ᶜ à 38000 kilogr. ; celui de 35 tonnes n'a pas paru suffisant.

TABLE DES MATIÈRES.

Iʳᵉ PARTIE.

ARTILLERIE MODÈLE 1858-60.

IIᵉ PARTIE.

ARTILLERIE MODÈLE 1864.

IIIᵉ PARTIE.

ARTILLERIE MODÈLE 1870.